놀라운
아기 능력의
재발견

"본 저서는 2012년 대진대학교 학술연구지원비에 의한 것임"

놀라운
아기 능력의
재발견

강갑원 지음

한국학술정보㈜

　유치원 교육을 받기 전의 연령에 해당하는 아기의 능력은 그동안 비교적 잘 알려지지 않았다. 존 로크가 '인간은 태어날 때 백지와 같다'라고 한 말에서 보듯이 아기는 아무것도 모르는 존재로 취급되었다. 유아의 인지발달 연구의 대가로 알려진 피아제조차 아기는 태어날 때 몇 가지의 반사행동만 할 수 있는 것으로 여겼다. 많은 학자들이 피아제가 유아의 능력을 과소평가하였다는 점에 동의하고 있는 것은 널리 알려진 사실이다.

　그러면 왜 그동안 유아에 대하여 이러한 시각을 갖게 되었을까? 여러 가지 이유가 있겠지만 그중 하나는 영아를 관찰할 기술이나 방법이 발달하지 못했기 때문이었다. 다행히 녹화 기술이 발달됨에 따라 아주 어린 아기의 행동도 장기간 관찰이 가능하게 되었고, 미세한 행동도 포착할 수 있게 되었다. 이러한 기술을 사용하여 최근 유아에 대한 연구가 활발해지면서 그동안 몰랐던 영아의 놀라운 능력들이 발견되기 시작하였다. 태어날 때부터 언어 체계를 가지고 있고, 모방능력이 있는 등 그동안 인식하지 못했던 영아의 능력이 발견된 것이다. 영아는 인간이 지구상에 출현하면서 진화해 온 모든 지혜를 유전인자 속에 물려받았다는 것을 시사하는 행동들이 많이 발견되었다.

이 책에서는 그동안 간과되었던 유아의 놀라운 능력을 접하게 될 것이다. 특히 놀라운 언어 학습 능력을 접하게 될 것이다. 이렇듯 놀라운 아기의 능력을 알게 되면 아기가 얼마나 성인과 마찬가지로 존중받아야 할 인격체인지를 느끼게 될 것이다. 그리고 이전보다 더욱 아기를 자세히 관찰하고 싶어질 것이다. 말을 못한다고 무지한 것으로 여겼던 아기에 대한 인식이 완전히 바뀌면서 당신의 아기가 더욱 존귀하게 느껴질 것이다.

가능한 한 전문적 용어를 피하고 부모들이 편하게 단숨에 읽을 수 있도록 구성하였다. 분량도 2일 내지 3일이면 모두 읽어볼 수 있을 것이다. 이 책이 자신의 아기에 대한 관점을 바꾸는 계기가 되길 기대한다.

강갑원

제7장 존귀한 인격체로서의 아기 • 201

제1장

아기 능력에 대한 의문

아기가 잠자는 모습을 보자. 귀엽고, 천진하고, 예쁘지만 아마도 어머니들은 아기가 아무것도 모르는 나약한 인형과 같다는 생각을 하고 있을지 모른다. 그러나 사실 우리 아기는 지금까지 존재해 온 우주에서 가장 학습 능력이 뛰어난 존재이다. 작은 손가락과 입은 화성 탐사선보다 더 정확하게 자신을 둘러싸고 있는 낯선 세계를 조사하는 탐색기와 같다. 자그마한 귀는 알아들을 수도 없는 웡웡거리는 소리를 완벽하게 의미 있는 언어로 바꾸어내고, 어머니의 영혼을 들여다보기라도 하는 듯한 둥근 두 눈은 어머니 가슴속에 깊이 감추어져 있는 감정을 알아내는 사진기와 같다. 아기의 머리는 매일 수많은 연합을 이루어내는 뇌를 감싸고 있다. 어머니들은 그동안 밝혀진 아기 능력에 대한 놀라운 연구 결과들을 이 책을 통해 이제 알게 될 것이다. 그리고 그 능력들을 알게 되면 아기가 더 존귀하게 느껴질 것이다. 지금까지 알고 있던 아기 능력과 여기에 소개되는 연구 결과를 한번 비교해 가면서 아기의 존재를 다시 느껴 보기를 기대한다.

　아주 옛날에는 아기를 거의 미물처럼 취급하여 무시하고, 심지어는 생명도 함부로 했던 때가 있었다. 그러나 이제 이 책을 통해서 아기가 얼마나 똑똑한 존재이며 생존하기 위하여 얼마나 많은 것을 빠르게 배우려고 하는지를 알 수 있을 것이다.

어머니들은 아기를 키울 때 많은 의문이 있었다. 어떻게 하면 아기가 잘 먹고 울지 않을까? 어떻게 하면 똑똑한 아기가 될까? 어떻게 하면 착한 사람이 될까? 등등 헤아릴 수 없다. 이러한 의문은 지금의 어머니뿐만 아니라 어느 문명사회에도 있다. 그러나 이 책에서는 이러한 의문에 답하려는 것이 아니다. 예를 들면 아기를 더 순하게, 똑똑하게, 예쁘게 키우거나 잠을 잘 자게 하거나 서울대학교와 같은 명문 대학에 보내는 방법을 말해주려는 것이 아니다. 그러한 것을 말해주는 책은 큰 서점에 가면 있을 것이다. 여기에서는 아기의 천재적 능력을 이해하고자 하는 목적에서 시도된 것이지 아기를 개조하려고 시도된 것은 아니기 때문이다.

작은 손과 큰 머리를 가진 이 찬란한 존재는 어머니가 이방인의 지능이 어떤지를 알 수 있도록 해주는 가장 가까이 있는 존재이다. 아기는 매혹적이고 신비하고 불가사의한 존재이다. 아기를 관찰해 보라. 3개월 된 아기는 어머니가 줄무늬 쇼핑 가방을 들고 방 안을 돌아다니면 그 가방을 따라 응시한다. 동물원에 간 한 살짜리 아기는 코끼리를 가리키면서 의기양양해하면서도 확신에 찬 목소리로 '멍멍이'라고 말할지도 모른다. 말썽꾸러기 2세 아기는 어머니를 쳐다보면서 만져서는 안 될 컴퓨터 스위치를 눌러 그날 어머니가 한 일을 망쳐 놓기도 한다. 어머니가 기저귀를 갈아 채우거나 코를 닦아주느라 정신이 없는 순간에도 아기의 머리는 끊임없이 주변을 탐색한다.

학자들은 아기의 머리 안에서 무슨 일이 일어나는지를 알려고 노력해 왔다. 아기의 작은 머리에서 무슨 일이 일어나며, 도대체 그것이 어디에서 왔는지를 이해하려고 한다. 아기를 연구하는 일은 아주 매력적이다. 아기의 발달에 대한 연구 결과는 어머니가 오래전부터 의문을 가져온 것을 해결해주는 데 도움이 된다. 몇 킬로그램의 단백질과 대부분 물로 구성되어 있는 것에 불과한 인간은 우주의 기원, 생명의 본질, 인간 자신에 대하여 알게 되었다. 어떤 다른 동물도, 가장 정교하다는 컴퓨터도 인간만 못하다. 더욱이 인간은 요람에 있는 무력한 존재에서 시작했으니 얼마나 대단한가? 단지 아주 미세한 외계의 정보, 즉 몇 줄기의 광자(光子)가 망막을 때리고 음파만이 고막을 진동시키지만 이것을 통해 인간은 이 세상이 어떻게 돌아가는지를 알게 된다. 인간은 세상을 어떻게 알며, 어떻게 여기저기로 이동할 수 있는 것일까?

영아에 대한 새로운 연구에서도 역시 이러한 의문에 대한 답을 제공해주고 있다. 이 세상과 인간 자신에 대하여 알 수 있는 이러한 능력은 유아기에 그 근원이 있다는 것이 판명되었다. 인간은 우주와 인간 마음의 비밀을 발견하는 능력과 그것을 발견할 때까지 탐색하고 실험하는 동기를 가지고 태어났다. 과학은 우수한 사람들만의 특별한 영역이 아니라 누구나 아주 어릴 때부터 계속해 오던 일종의 학습이다. 인간의 본질을 이해하려는 노력이야말로 인간 본질의 일부분이다. 발달심리학자도 이러한 일에 종사하며 자신들이 연구 대상으로 삼고 있는 아기와 똑같은 인지적 도구를 사용한다. 과학자들은 아기 침대 안을 들여다보면서 인간의 마음, 세상, 언어가 어떻게 작용하는지에 대한 몇 가지 의문에 대한 답을 얻으려고 침대에서 자신들을 쳐다보면서 자신들과 똑같은 일을 하는 아기 과학자를 보게 된다. 어른 과학자나 아기 과학자나 미소를 짓는 모습은 하나도 이상할 것이 없다.

1. 인간은 세상을 어떻게 알게 되는가?

감각에 한계가 있음에도 불구하고 인간은 어떻게 그렇게 많이 알게 되는가? 이러한 지식의 문제는 가장 오래되고 심오한 철학 문제 중 하나였다. 인식론이라는 철학 분야는 이러한 문제에 기여하고 있다. 인식론에는 성인이나 아기에게 모두 중요하지만 이해하기 어려운 세 가지 문제가 있다. 그것은 다름 아닌 타인의 마음, 바깥세상, 언어 문제가 그것이다. 발달심리학에서는 이 세 가지 문제에 대한 해답을 얻으려고 노력한다.

아주 흔한 사건을 생각해 보자. 즐거운 일요일 저녁 식사 때면 우리는 식탁에 둘러앉는다. 김이 모락모락 나는 밥과 감칠맛 나는 김치, 구수한 된장국 등을 앞에 두고 아기들은 식사를 하다가 국물을 흘리기도 하고 장난을 치며 돌아다니기도 한다. 이보다 평범하면서도 행복감을 주는 일은 없을 것이다. 아기들에게 이러한 경험을 제외하면 경험할 수 있는 것이란 별로 없다.

실제로 바깥세계에서 인간이 받아들이는 것은 색깔, 형상, 빛, 음향뿐이다. 가족이 식탁에 앉아 식사를 하는 부모와 자녀들이지만 실제로 우리 눈에 보이는 것은 의자 위에 올려놓은 피부로 만든 가방에 천을 입혀 놓은 물건과 다를 바 없다. 이 물건 위쪽에는 쉴 새 없이 움직이는 두 개의 작은 검은 반점(눈)이 있고 그 아래에는 아무렇게나 소리를 내는 하나의 구멍(입)이 있다. 이 가방은 이리저리 움직인다. 가끔 두 구멍의 모양이 바뀌고 거기에서 소금물이 흘러나온다. 사람을 피부 가방으로 보지 않고 감정, 신념, 욕망이 있는 남편, 아내, 아기로 보게 되는 이유는 무엇일까?

인간은 방 안에 있는 사물도 있는 그대로 보지 못한다. 우리 주위를 둘러보면 끊임없이 사물의 형체는 변한다. 3차원의 사물은 사실 우리 눈에는 평면상이지만 물체를 잡고 있을 때의 느낌은 평면상에서 느끼는 것과는 아주 다르다. 식탁 위에 접시가 놓여 있어도 그 밑에 식탁 면이 있다는 것을 안다. 숟가락으로 국을 먹으면 국물은 우리의 시야에서 사라진다. 우리가 직접 경험하고 있는 모든 것은 끊임없이 변하는 혼란스런 감각 정보의 흐름에 지나지 않는다. 그런데 인간은 어떻게 바깥세상에 대하여 지금 우리가 알고 있는 것처럼 알게 될까?

우리가 하는 말은 더욱 궁금증을 더하게 만든다. 외국의 어떤 도시에 있는 한 카페에 앉아 있어 보자. 자신도 알지 못하는 사람들이 뱉어내는 많은 소음으로 윙윙거릴 것이다. 그러나 그 소음은 서로 잘 연결되어 농담이 되고, 사과하는 말도 된다. 어떤 것도 사실 소음이 아니라는 것을 알게 된다. 사실 말이라는 것은 일종의 공기 소용돌이가 백만 분의 몇 초 동안 연속해서 이동하는 것에 지나지 않는다. 아무리 정교한 컴퓨터라 하더라도 사람만큼 이 소리의 의미를 잘 알지 못한다. 우리는 아기가 밥을 먹으면서 중얼거리는 말의 의미는 물론 거기에 담긴 감정도 크게 노력하지 않고도 알아들을 수 있다. 인간은 어떻게 하여 이러한 말에 담긴 여러 가지 의미를 알게 될까?

이러한 능력은 세 살짜리 꼬마도 할 수 있다. 이 꼬마는 형이 자신을 한 대 쥐어박으면 괴롭힘으로 경험하지, 피부 가방(형)이 자신에게 움직였다는 것만으로 경험하지 않는다. 이 꼬마는 식탁의 색깔과 모양을 잘 구분하고 빠르게 지나가는 공기의 진동에 불과한 농담과 사과하는 말의 의미를 곧바로 이해한다. 아기는 어떻게 이렇게 할 수 있는 것일까?

2. 한 살이 안 된 아기의 능력도 놀랍다

아기가 어떻게 자신에게 일어나는 이러한 사건을 알게 되는 걸까? 이 의문에 대한 오늘날의 대답은 '아기는 일종의 특수한 컴퓨터'라는 것이다. 다만 컴퓨터를 만들 때 실리콘 칩 대신에 뉴런으로 만들고, 사람이 프로그램을 짜지 않고 진화에 의해 만들어진 프로그램을 사용한다는 차이가 있을 뿐이다. 이 컴퓨터가 주위에서 오는 무질서한 감각 정보를 받아서 어떤 것은 농담으로, 어떤 것은 사과하는 말로, 어떤 것은 식탁으로, 어떤 것은 숟가락으로 각각 전환시켜주는 것이다. 학자들은 어떤 프로그램에 의해 영아가 걸음을 걷게 되고 그 프로그램이 아기의 뇌에 어떻게 입력되어 전개되는지를 밝히고 싶어 한다. 그것을 밝힐 수만 있다면 오래전부터 궁금하였던 아기의 지식 획득에 대한 의문은 풀릴 것이다.

아기의 마음은 뉴런으로 구성되고 진화에 의해 프로그램이 만들어진 컴퓨터라고 생각하기 때문에 발달심리학자들은 아기마다 뉴런, 진화가 다르다고 본다. 아기라는 컴퓨터는 어느 컴퓨터 제품보다 성능이 뛰어나다.

새롭게 이루어진 발달 연구 결과를 보면 1세에 미치지 못하는 아기라도 두뇌의 프로그램이 꽤 우수하다는 것을 알 수 있다. 먼저 얘기할 수 있는 것은 아기가 태어날 때 가지고 있던 프로그램에는 이미 세계에 대한 지식이 상당히 많이 구축되어 있다는 것이다. 신생아도 사람, 사물, 언어에 대하여 많이 알고 있다. 더욱 중요한 것은 아기는 강력한 학습 기계를 가지고 있다는 것이다. 이 학습 기계로 자신의 지식을 스스로 수정하고, 재형성하고, 재구성한다. 그러나 컴퓨터는 이렇지 못하다. 한번 설치된 프로그램은 자동적으로 재구성되지 않는다. 컴퓨터는 잘 정의된 문제는 잘 해결해 주지만 스스로 학습은 하지 못한다. 이렇게 볼 때 아기는 지구상에서 공학이 지원하는 최상의 시스템이라고 할 수 있다. 성인의 행동은 아기가 학습할 수 있도록 되어 있다. 성인의 행동은 아기 발달에 강력한 역할을 한다. 그러기 때문에 성인의 행동을 아기의 성장 시스템의 일부로 간주하는 것도 일리가 있다. 아기의 성장 시스템은 눈의 조직체에 의해서가 아니라 언어나 사랑에 의해 결합되는 하나의 정보망이다.

아기에 대한 연구 결과를 보면 우리로 하여금 뇌를 다른 방식으로 생각하게 만든다. 흔히 사람들은 인간의 마음을 두 부분으로 나눈다. 하나는 진화에 의하여 형성된 것으로서 신경적으로 결정된 '선천적' 부분이고, 나머지 하나는 학습에 의하여 형성된 것으로서 사회적으로 결정된 '문화적' 부분이다. 아기 연구를 보면 이 두 입장이 얼마나 잘못 전해지고 있는지를 알 수 있다. 이 두 입장이 단지 양육과 자연은 상호작용한다거나 양쪽이 모두 조금씩 작용한다는 것과 같은 정도로 오도되는 것이 아니라 이보다 훨씬 더 깊은 의미에서 오도되고 있다. 인간의 마음에 대한 모든 것은 뇌에서 발생한 결과이다. 호흡을 관장하는 자율신경 조직에서부터 가장 섬세하고 문화적으로 정교한 결혼 예법이나 우리가 겪는 고뇌에 이르기까지 모든 것이 뇌에서 발생한 결과이다. 이것은 뇌가 매우 탄력적이면서도 민감하며, 가소성이 높고, 바깥세계의 사건의 영향을 매우 많이 받는다는 것을 의미한다.

몇 개의 유전인자에 의해 수십억 개의 신경이 결합되어 뇌가 사전에 결정되지는 않는다. 뇌는 매우 유연하고, 민감하며, 가소성이 있다. 이러한 사실을 알게 된 것은 살아 있는 뇌를 해부해 본 덕분이다.

마음에 관한 모든 것의 원인이 바로 뇌에 있듯이 뇌에 관한 모든 것의 원인은 진화의 역사에 있다. 그것은 진화가 바로 반사 운동이나 본능을 선택하는 것처럼 학습 전략과 문화적 능력도 선택할 수 있다는 것을 의미한다. 인간에게 있어서 양육은 바로 자연이다. 문화적 능력은 인간의 생물적 존재의 일부이며, 학습 동기는 가장 중요한 중심적 본능이다. 새로운 발달 연구에서는 인간이 적응하는 데 중추적 역할을 하고, 생존 경쟁에서 가장 위대한 무기 역할을 하는 유일한 진화의 전략은 정확하게 말해서 영아의 엄청난 학습 능력과 성인이 아기를 가르칠 수 있는 능력이라는 것을 암시해주고 있다.

발달심리학자들은 이러한 일반적 진화보다 더 구체적인 아이디어도 내놓고 있다. 여러 종의 동물을 보면 몇 가지의 공통된 진화의 특징이 있다. 비교적 대뇌피질이 크고, 행동이 유연하며, 복잡한 인지구조를 지닌 동물이 이러한 경향이 있다. 그 공통 특징으로는 다양한 먹이를 먹고, 다양한 방식으로 교미를 하며, 일부다처제 형태의 가족 체제를 유지하고, 여러 곳에서 살며, 미성숙 기간이 길다는 것 등을 들 수 있다. 인간의 경우에는 미성숙 기간이 긴 것이 하나의 수수께끼이다. 왜 그렇게 긴 기간에 아기는 무력한 존재로 있으며, 왜 성인은 아기들을 보호하는 데 그렇게 많은 시간과 에너지를 투자하는가? 유명한 심리학자이자 교육학자인 브루너는 미성숙 상태를 보호받을 수 있는 기간이 있기 때문에 아기들은 물리적 환경을 학습할 수 있다고 주장한다. 더 중요한 것은 이 기간이 있기 때문에 사회 환경에 대해서도 학습할 수 있다는 것이다. 인간 이외의 종족은 자신들의 생태학적 위치에서 절묘하게 적응할 수 있는 본능적 행동을 정교하게 발달시킴으로써 생존해 나가고 있다. 반면 인간은 어떤 생태학적 위치에서 어떻게 행동할 것인지를 학습함으로써 생존해 나간다.

만약 이것이 인간의 진화 전략이라면 똑똑한 아기를 낳고 아기의 학습을 헌신적으로 도와줄 수 있는 성인이 필요하다는 주장은 일리가 있다. 학습의 장점이 인간으로 하여금 자신이 처한 환경을 잘 알도록 해준다는 것이라면, 단점은 어떤 문제를 해결할 때까지 무엇을 해야 할지 모르게 한다는 것이다. 인간은 무기력한 존재이지만 두 가지의 선물을 받았다. 하나는 자신을 둘러싼 환경을 학습할 능력을 가진 것이고, 나머지 하나는 학습 능력을 발달시키기 위한 긴 보호기간을 얻었다는 것이다.

앞에서 이미 언급하였듯이, 과학을 하는 성인의 탁월한 능력은 어쩌면 아기의 학습능력을 물려받은 것인지도 모른다. 성인 과학자는 아기들이 빨리, 많이 학습하는 타고난 능력을 이용하고 있다. 아기가 작은 과학자가 아니라 과학자가 큰 아기인 셈이다.

물론 마음에 관한 진화는 추측하여 논의할 수밖에 없지만 분명한 것은 아기는 매우 지능적인 학습자이며 성인은 아기들의 학습을 헌신적으로 도와주고 있다는 것이다.

3. 아기는 지식을 가지고 태어난다

지식의 문제, 즉 타인의 마음과 세상을 어떻게 알고, 언어를 어떻게 학습하는지에 대한 의문은 옛날부터 있어 왔다. 그러나 아기 연구 결과를 보면 대략 그 답을 얻을 수 있다. 아기들이 늘 우리 주위에 있었음에도 과학자들은 아기들을 관찰해야 답을 얻을 수 있다는 것을 알기까지 왜 그렇게도 많은 시간이 걸렸을까?

이러한 지식의 의문에 답하기 위한 생각은 메노라는 친구와 소크라테스 간의 대화, 즉 '소크라테스 대화'라는 것에서 처음 제기되었다. 소크라테스와 그의 친구는 집에서 와인을 마시면서 '미덕'과 같이 직접 경험하지 못하는 추상적 개념을 어떻게 이해할 수 있는지에 대하여 얘기한 적이 있었다. 소크라테스는 '미덕'과 같은 추상적 개념은 경험을 통해서 학습되지 않는다고 믿었다. 그것은 과거 삶에 대한 기억이라고 생각하였다. 소크라테스가 이렇게 생각한 것을 현대적으로 해석하면 그것은 유전자 안에 정보가 있다는 것이 된다. 인간은 경험하기 이전의 지식인 선험적 지식이 있다는 것이다.

소크라테스는 기하에 대한 지식이 전혀 없는 노예 아이에게 어떤 기하 증명과정을 보여주자 노예 아이는 증명의 각 단계를 이해하고 그 기하 증명이 옳다는 것을 알았다. 이 사실을 두고 소크라테스는 이 노예 아이는 자신은 의식하지 못하지만 이미 기하 증명을 이해하는 데에 필요한 지식이나 능력이 있다고 생각했다. 오늘날의 발달연구 결과를 보면 인간에게는 이러한 선험적 지식이나 능력이 있다는 것을 보여준다. 배우지 않은 아기도 우리가 생각하는 것 이상으로 많이 알고 있다. 이것은 지식의 문제에 대하여 오늘날 대답할 수 있는 것 중의 일부이다. 아기를 비롯하여 모든 생명체는 태어날 때 이미 유전 인자 속에 생존에 필요한 지식이나 어떤 능력 일부를 가지고 태어난다. 이 능력이나 지식은 생명체가 이 지구상에 출현한 이후 장구한 세월 동안 발달시켜 유전 인자 속에 축적되어 다음 세대에게 전해진다는 것이다. 만약 이것이 없다면 생명체는 태어날 때마다 생존에 필요한 것을 배워야 한다. 그렇게 되면 그만큼 생존은 어려워진다. 생존 확률을 높이기 위해서 모든 개체는 이전의 세대에서 발달한 지식이나 능력을 물려받을 필요가 있었다. 예를 들면 모든 생쥐는 고양이를 피하는 능력을 가지고 태어난다. 만약 생쥐가 태어난 이후부터 고양이가 자신의 동족을 잡아먹는 동물이라는 것을 배워야 한다면 그것을 배우기까지 생쥐들은 고양이에게 많이 잡아먹히게 될 것이다. 그러나 생쥐들은 고양이가 자신들의 동족을 잡아먹는 것을 경험해보지 않고도 고양이 울음소리만 들어도 도망간다. 이것은 무엇을 의미하는가? 생쥐는 이미 고양이 울음소리의 주파수와 진폭, 음파 형태에 공포를 느끼도록 되어 있는 것이다. 이것은 선험적인 것이다. 아기도 생쥐와 마찬가지로 이미 어떤 선험적 지식과 능력이 있다.

4. 위대한 지식의 사슬

소크라테스가 이러한 주장을 한 지 약 2,500년이 흘렀지만 그사이 어떤 철학자도 인간이 지식을 어떻게 획득하는지에 대한 논의 외에 소크라테스와 같은 측면에서는 생각해 보지 않았다. 아무도 아기를 직접 상대하여 아기가 무엇을 알고 있는지에 대한 답을 구하려 하지 않았다.

사실 아기가 가지고 있는 지식은 모순 덩어리인 것처럼 보인다. 지금껏 아기는 결함이 있는 성인으로 취급되는 것이 지배적이었다. 아기는 아무것도 알지 못하고, 아무것도 할 수 없는 존재로 본 것이다.

물론 이러한 생각이 다 틀린 것은 아니다. 누구나 아기는 모르거나 할 수 없는 것이 많다는 것에 동의한다. 부모도 아기의 이러한 결함을 고치려고 애를 쓴다. 그러나 아기에 대한 이러한 생각은 매우 잘못된 것이다.

우리는 지식을 수준에 따라 하나의 연속체로 간주하여 한쪽 끝에는 아기의 지식, 다른 한쪽 끝에는 철학자의 지식이 있다고 생각한다. 이러한 관념에서 아기는 이성, 과학, 문명과는 아주 정반대의 특징을 띤 존재로 본다. 아기는 직관적·비합리적·자연적 존재이며, 계획적으로 행동하는 것이 아니라 열정에 따라 행동하며, 외양, 미신, 마술에 현혹되며, 어릴수록 지식이 없다고 본다. 만약 신생아라면 말 그대로 아무것도 가진 것이 없는 존재로 본다. 17세기 유명한 철학자 존 로크의 말을 빌리자면 아기는 백지와 같은 것이다.

물론 이와 반대의 관점도 있었다. 19세기 초 낭만주의 시인이나 철학자들이 그렇다. 워즈워스는 시 한 편으로 이러한 입장을 가장 인상적으로 표현한 적이 있다. 낭만주의에서는 아기는 너무 순진하기 때문에 어떤 특별한 종류의 지식이 있다는 것이다. 그 지식은 과학과 같은 것이 아니라 시와 같은 것이라는 것이다. 낭만주의자들은 아기의 경험은 어른들의 생각으로 인해 오염되지 않기 때문에 명확하고 강렬하다고 생각하였다.

그러나 낭만주의자들의 아동관 역시 당시의 지배적 관점에서 크게 바를 바가 없었다. 낭만주의자들 역시 아기를 직관적이고, 비합리적이며, 미개하며, 열정의 지배를 받으며, 과학과는 가장 거리가 먼 존재로 보았기 때문이다. 다만 이들에게 다른 점이 있었다면 아기들의 이러한 특징은 좋은 것이며, 강렬하고, 무결하며, 지식의 근원이며,

지식을 습득하는 데 방해가 되지 않는다는 것이었다.

이러한 두 관점은 계속 존속해 왔고 거기에 깔려 있는 가정 역시 존속해 왔다. 아직도 세계를 이해하는 방식은 과학적이고, 세련되고, 합리적이라는 쪽과 직관적이고, 자연적이고, 정서적이라는 쪽으로 양분되어 있다. 그러나 아기는 아직도 과학보다는 직관, 이성보다는 열정의 표본으로 간주되고 있다.

새로운 발달 연구를 보면 아기에 대한 이러한 역사적 견해는 분명히 잘못되었다는 것을 알 수 있다. 아기는 백지도 아니요, 고삐 풀린 욕망으로 가득 찬 사람도 아니며, 직관적으로 보는 사람도 아니다. 아기는 증거를 참작하여 결론을 내리고 실험을 하여 문제를 해결하며 진리를 추구하는 사람이다. 물론 과학자들처럼 의식적으로 그렇게 하지는 않는다. 이들이 해결하려는 문제는 별이나 원자와 같이 해결하기 어려운 것이 아니라 사람, 사물, 말이 무엇인지와 같은 일상적인 것이다. 아주 어린 아기조차 이 세상에 대하여 많은 지식을 가지고 있으며, 더 많은 지식을 얻기 위하여 능동적으로 활동한다.

이러한 생각은 지식은 수준에 따라 연속체로 구성된다는 관념과는 배치되지만, 적어도 타 문화권에서 온 사람이 어울리지 않는 행동을 하더라도 그 사람에 대하여 '아기 같다'라는 부정적 이미지는 갖지 않도록 해줄 것이다. 고상한 미개인도 없고 미개한 귀족도 없듯이 아기 속에는 아기가 없다. 단지 무슨 일이 일어나고 있는지를 알려고 하는 아기, 어른, 남자, 여자 등이 있을 뿐이다.

그러나 아기에 대한 이러한 생각을 체계적으로 확인해보려고 하지 않았다. 과학을 통해 우리가 알고 있다고 생각하는 모든 것을 검증할 수 있으면서도, 아직 아기가 이 세상에 대하여 무엇을 알고 있고, 무엇을 모르고 있고, 어떻게 배우는지에 대해서는 알려고 하지 않았다. 아리스토텔레스는 여성은 남성보다 치아 수가 적다고 말한 적이 있었다. 우리가 놀라는 것은 그의 말이 틀렸다는 것 때문이 아니라 자신이 아내의 입을 벌려 치아 수를 세어보고 확인했기 때문이다. 어째든 아기들은 우리 주위에 있다. 아기를 관찰하기 위하여 먼 대륙으로 갈 필요도 없고 첨단 공학 실험실에 갈 필요도 없다. 그저 아기에게 입을 벌리라고 하고 입안을 들여다보면 될 것이다. 지난 2,500년 동안 이러한 일을 어느 누구도 하지 않았다.

5. 아기에 관심을 가진 두 학자

현대에 와서 아기가 어떻게 지식을 얻게 되는지에 관하여 경험적으로 답을 얻으려고 한 시기는 1920년대부터였다. 이 일은 잘 알려지지 않은 두 지역에서 일어났다. 한 지역은 조용하고 재미없지만 부유하고 평화로운 제네바이고, 나머지 한 지역은 전쟁의 상흔이 있는 모스크바였다. 제네바에서는 피아제가, 모스크바에서는 비고츠키가 각각 이를 시작하였다. 피아제는 어릴 때부터 유명하였다. 10살 때 이미 "알비노 참새에 대하여"라는 첫 학술 기사를 발표하였다. 20세쯤에는 생물학에 대한 여러 편의 글을 발표하였다. 대부분 연체동물에 대한 것이었지만 칸트의 『순수이성비판』도 읽었다. 30세가 되기 전에 제네바 대학에 있는 루소 연구소의 소장에 임명되었고 거기에서 대부분 긴 여생을 보냈다.

피아제는 오래전부터 많은 사람들이 의문을 품어왔던 인간은 어떻게 지식을 획득하는지 등 '인식의 문제'에 대하여 답을 얻고 싶었다. 다만 그는 종전의 철학자와 달리 그 답을 생물학에서 얻고 싶었다. 20세기에 들어와서 생물학이 발달하였고 인간의 마음은 뇌의 작용으로써 설명되어야 한다는 것을 깨닫게 되었다. 인간이 알고 있는 지식은 자연적이고 생물학적 현상이라고 생각하였다. 피아제는 지식의 문제와 생물학 간의 연결 고리를 찾으려 했고, 그 해답을 얻는 방법은 아기의 발달을 연구하는 것이라고 생각했다.

30대에 피아제는 자신의 세 딸의 생활을 기록하기 시작하였다. 영아 일기가 그 이전과 이후에도 있었지만 피아제가 쓴 일기 같은 것은 없었다. 피아제는 아기의 행동을 분 단위로 매일매일 기록하였다. 물론 심리학자인 그의 아내가 관찰을 더 많이 하였지만 이들이 관찰한 결과는 모두 그의 이론을 구축하는 데 사용되었다.

피아제는 소크라테스처럼 어린 아기는 생각보다는 이미 이 세상에 대하여 많은 것을 알고 있다는 것을 알았다. 그러나 이 두 사람의 위대한 업적은 현대적 관점에서 볼 때 기여한 점이 서로 달랐다. 소크라테스는 아이가 성인과 똑같은 방식으로 기하를 이해하는지를 밝히려고 하였다. 그가 실험한 아이는 소크라테스가 물으면 언제나 '그렇다'라고 대답하였다. 피아제 역시 아기들에게 성인과 똑같은 방식으로 이 세상을 보는지를 물어보았다. 그러나 피아제가 실험한 아기는 여러 차례 '아니요'라고 대답하였다. 피아제는 아기가 세계를 보는 관점이 어른만큼 복잡하고 아주 구조적이며, 세계에 관하여 진리를 찾고 있다는 것을 보여주었다. 그렇지만 아기의 관점은 어른과는 아주 다르다는 것을 알았다. 아기는 어른처럼 타인이나 세계, 언어에 대하여 체계적 아이디어는 가지고 있지만, 어른의 것과는 다르고 이상하기까지 하다는 것이다. 예를 들면 아기는 사물을 숨겨 눈에 보이지 않게 하면 그것이 이 세상에 존재하지 않는 것으로 생각하며, 자신과 타인과의 경계가 없어 자신을 타인과 분리하여 생각하지 못한다는 것이다.

피아제는 아기는 과거 선조의 생활에서 가져왔든, DNA에서 가져왔든 성인이 가지고 있는 지식을 가지고 태어나는 것은 아니라고 결론을 내렸다. 그렇지만 아기는 새로운 세계를 구성할 수 있도록 해주는 강력한 학습 기제를 가지고 태어나는데, 이것으로써 성인과는 전혀 다른 새로운 세계를 구성한다고 생각하였다. 예를 들면 세계에 대한 학습이 단번에 올바르게 이루어지는 것이 아니라 오류를 범하고, 점진적으로 그 오류를 교정하고, 아이디어를 확대하여 진리에 도달한다는 것이다. 피아제는 이것을 자녀관찰을 통해서 알았다. 그러면서도 어떤 선천적 아이디어가 유전적 정보에 근거하듯이 학습도 생물학에 근거하고 있다고 생각하였다. 피아제는 그것을 소화에 종종 비유하였다. 아기의 몸이 우유를 소화하듯이 마음이 정보를 소화한다는 것이다. 피아제에 있어서 학습은 먹는 것만큼이나 자연스러운 것이었다. 또 다른 현대적 관점은 피아제와는 전혀 다른 차원에서 이루어졌는데, 그 주역이 비고츠키이다. 그는 1920년대 러시아의 지적 대혼란기에 살았던 폐병환자였다. 문학 비평가이면서 의사이기도 했다. 피아제와 마찬가지로 그는 심리학과 생물학을 통합하고 싶었다. 언어와 사상에 대한 그의 관점은 당시의 러시아의 큰 정치적 논쟁점과 관련이 있었다. 그는 열렬한 막시스트였다. 그는 인간은 자신이 살고 있는 사회 속에서 어떻게 마음을 형성시켜 나가는지를 알고 싶었다. 비고츠키는 문자 해득이 인지와 지각에 심대한 영향을 줄지도 모른다고 생각하여 생리학자인 그의 제자 루리아를 러시아의 극동 지역으로 보내서 문맹족인 타타르족이 지각적으로 어떤 망상을 경험하는지를 알아보라고 하였다. 루리아는 타타르족은 망상이 없다는 결과를 비고츠키에게 알렸으나 돌아와 당국에 체포되고 말았다. 당시에 이러한 지적 연구 활동은 유산계급이나 지식분자들이 하는 것이라고 탄압받을 때였다. 비고츠키는 발달심리학계를 떠나기로 결심하고 육군 야전 병원 뇌외과의사가 되었다. 그것이 더 안전하였기 때문이었다. 그러나 비고츠키는 38세의 젊은 나이에 죽었다. 그는 몸이 허약하였기 때문에 자신은 물론 그의 제자들도 그가 곧 죽을 것이라는 것을 알았다. 10년도 채 못 되는 기간 동안 그는 많은 연구 업적을 열정적으로 쏟아내었다. 그중에는 반 정도만 보고된 실험 결과도 있고, 발표하지 않은 연구 결과도 많았다. 펜을 잡을 힘이 없을 때에는 대필시켜 글을 쓰기도 하였다.

그가 죽은 지 1년 후에 스탈린은 특히 발달심리학은 불법이라는 포고령을 내렸다. 이것은 발전하고 있는 생물학을 법으로 금지시키는 악명 높은 포고령의 시발이었다. 이 포고령은 1970년대까지 시행되었고, 비고츠키의 대부분의 제자는 유산 계급들이 하는 연구를 한 혐의로 투옥되었다.

비고츠키는 성인은 아기의 학습에 중요한 역할을 한다고 보았다. 그의 생각대로 성인의 존재 자체가 아기의 삶에 좋든 나쁘든 영향을 주는 중요한 요인임에는 틀림없다. 지금까지 아기와 성인과의 관계에 대하여 알려진 수많은 사실은 우리에게 부정확한 아동관을 갖도록 하였다. 피아제의 자녀 관찰 일기를 보면 놀랍게도 부모로서 자식에 대한 뜨거운 열정이 없다는 것을 알 수 있다. 이것이 피아제의 연구 업적의 가장 큰 강점이기도 하다. 자녀 관찰 상황에서 자신의 영향을 배제함으로써 그 이전의 누구보다도 아기의 마음에 대한 관점을 더욱 명확하게 갖도록 해주었다. 그러나 어차피 성인, 특히 부모는 아기의 삶에 불가피한 존재라는 점에서 그는 중요한 그 무언가를 간과한 것으로 보인다.

비고츠키는 피아제와 달리 부모는 아기가 지식의 문제를 해결할 때 필요한 일종의 도구라고 보았다. 예를 들면 비고츠키는 성인은 거의 무의식적으로 자신에게 중요했던 문제를 해결하는 데 필요했던 정보를 아기에게 준다는 것이다. 즉 아기들은 성인을 통하여 자신이 살고 있는 사회와 독특한 문화를 발견한다는 것이다.

비고츠키는 성인이 아기의 마음에 영향을 끼치는 것은 근본적으로 생물학적이며 인간 본성의 일부라고 생각하였다. 특히 그는 언어의 역할을 강조하였다. 언어는 인간의 유일한 자연스러운 생물학적 특징이지만 인간의 문화를 전달하는 매개 역할을 한다고 보았다. 피아제가 학습이 선천적이라고 보았듯이 비고츠키 문화 역시 자연 발생적인 것으로 보았다.

이 두 사람의 이론적 접근과 성격의 차이가 큼에도 불구하고 비고츠키와 피아제 간에는 두 가지의 공통점이 있다. 하나는 자연 상태에서 아기를 세밀하게 관찰하는 방법을 개발하였다는 것이다. 두 사람이 내린 결론은 각각 자신들이 관찰한 것과 아주 밀접한 관계가 있었다. 두 사람의 이론이 이렇게 확고한 경험적 연구에 근거하고 있다는 사실 때문에 두 사람은 더욱 유명하다. 나머지 하나는 두 사람의 연구 결과가 지난 30년간 거의 주목을 받지 못했다는 점이다.

미국에서 주류를 이루었던 심리학은 프로이드 심리학과 스키너의 행동주의 심리학이었다. 그러나 프로이드나 스키너는 아기를 대상으로 체계적인 실험은 하지는 않았다. 프로이드는 주로 신경증 환자의 행동을 근거로 추론하여 이론을 구축하였고, 스키너는 쥐의 행동을 관찰하여 그것을 근거로 이론을 구축하였다. 지금까지의 철학자와 마찬가지로 프로이드와 스키너 역시 인간의 발달에 대한 오류를 범하였다. 프로이드는 아기는 열정의 화신이며 욕망에 이끌려 세계를 지각할 때 왜곡하는 피조물로 보았으며, 스키너는 강화 스케줄에 따라 각인되는 백지와 같은 수동적 존재로 보았다. 아기는 우리가 생각하는 이상으로 스스로 지식을 구성해 나가는 탁월한 능력이 있고 학습 속도도 빠르다. 성인이 여러 번의 시행과 착오를 거쳐야 하는 학습도 아기는 딱 한 번의 시행으로 학습하는 것이 너무 많다는 것을 우리는 안다. 어느 성인도 5살 된 아기가 5년간 이룩한 발달만큼 발달하지 못한다. 아기를 무기력하고 무능하다고 보는 것은 우리가 무식하다는 것을 반증해준다. 아기는 태어날 때부터 지금가지 인류가 물려준 지혜를 유전 인자 속에 고스란히 담고 있다.

6. 아기는 정교한 컴퓨터이다

피아제와 비고츠키 이후, 발달심리학은 1960년대 후반에 부활하였다. 학문의 사조는 언제나 다소 신비스러운 점이 있지만 부활에 작용한 몇 가지 요인이 있다. 이 중에 하나는 사회학적 요인이다. 수세기

동안 아기는 여성의 영역이어서 진지하게 과학적 관심을 가질 가치가 없는 것으로 여겨졌다. 남성이 학문을 지배하고 있는 내내 발달심리학은 불가피하게 주변으로 밀려났다. 예를 들면 미국의 한 남자 교수는 발달심리학을 공부하기 위하여 가정학 학위를 받아야 했다. 그러나 여성학이 출현하면서 아기를 연구하고 아기가 존경받는 데 기여하였다.

또 하나의 요인은 공학의 발달이었다. 녹화기는 발달심리학의 망원경이나 마찬가지였다. 아기는 어른처럼 의사소통을 하지 못하기 때문에 성인을 대상으로 하는 연구 도구인 질문지나 반응시간 측정기 같은 것은 사용할 수가 없다. 아기에게 돈이나 음식을 제공하여 연구에 협조를 구할 수도 없다. 아기를 연구할 때는 그들의 비언어적 행동을 체계적으로 관찰하는 것이 기본이다.

우리는 아기의 얼굴 표정, 동작, 심지어 눈동자의 움직임까지 살핀다. 불행하게도 신생아를 관찰해본 적이 있는 사람이라면 누구나 신생아의 행동이 적어도 겉으로는 외관상 형태가 없는 액체와 같다는 것을 안다. 이러한 점에서 보면 피아제가 관찰 기록한 것은 놀라운 것이다. 실제로 학문을 발전시키는 사람은 천재만이 아니다. 공학 기기는 천재가 하는 그 일을 천치 바보도 할 수 있도록 해준다. 동영상 촬영을 하면 신생아가 무엇을 하는지 천천히 볼 수도 있고 반복해서 볼 수도 있다.

디지털 카메라와 컴퓨터는 또 다른 공학의 산물은 새로운 이론을 구축하고 그 이론을 정당화하는 데 매우 유용하다. 피아제와 비고츠키는 마음과 뇌를 통합시키는 이론 구축을 하지 못하였다. 과학 탐구에서 성공하려면 추론을 잘하여야 하는데, 컴퓨터는 여기에 많은 도움이 된다. 컴퓨터는 마음의 정수(精髓)로 보이는 많은 것을 가능하게 해준다. 심지어는 지능의 정수라고도 할 수 있는 수식의 계산이나 장기 두는 것까지 할 수 있다. 뇌가 일종의 컴퓨터라는 개념은 지난 30년간의 심리학의 개념을 바꾸어 놓았다. 인지심리학의 기본 입장은 바로 이것이다. 뇌가 어떤 종류의 컴퓨터인지는 모르지만 분명한 것은 우리가 집에서 사용하고 있는 컴퓨터와는 완전히 다르다는 것이다.

녹화라는 신공학과 인지과학이라는 새로운 이론 때문에 피아제와 비고츠키의 선구적 아이디어는 과학적 연구의 자격을 충분히 갖추게 되었다. 우리는 캠코더와 컴퓨터를 사용하여 새로운 방식으로 아기를 볼 수 있고 이해할 수 있다. 무엇보다 아기를 보고 이해하는 일은 그럴 만한 가치가 있는 것이라고 생각하게 되었다.

그 결과 일련의 놀라운 사실을 알게 되었다. 지난 2,500년 동안 신생아와 영아에 대하여 우리가 알고 있었던 것보다 지난 30년 동안에 더 많은 것을 알게 되었다. 신생아도 자신의 혀가 어떻게 생겼는지 알고 있으며, 6개월 된 아기는 한국어와 영어의 차이를 알며, 2세 아기도 사과를 좋아하는 사람도 있고 귤을 좋아하는 사람도 있다는 것을 안다는 것을 발견하였다. 이러한 것은 이전에는 아무도 상상하지 못했던 일이다. 아기에 관하여 우리가 새롭게 알게 된 것처럼 성인도 세상을 막 경험한 아기와 다를 바가 없다.

제2장
아기의 사람의 마음에 대한 학습

옛날부터 사람은 어떻게 앎에 도달하는지 등의 지식에 관한 문제(철학의 인식론)는 흥미 있는 것이기는 했지만 사람의 마음을 어떻게 알게 되는지에 대한 문제보다는 그리 편안한 문제는 아니었다. 사람은 자지 않고 있는 한 누구나 남의 마음이 어떤지 알려고 한다. 그 사람이 왜 그런 행동을 했을까? 그 여자는 진실을 말하고 있는 것일까? 그 여자는 정말 내가 늦게까지 일하는 것을 싫어하지 않는 것일까? 싫어하면서도 그렇게 말을 하지 않을 뿐이 아닐까? 등등 남의 마음을 알고 싶어 하는 일들은 너무나 많다. 만약 사람이 정신 감응 능력이 있어서 남의 마음을 알 수 있다면 사람들은 물리학이나 화학을 아는 것보다 성적인 일이나 정치적인 일에 대하여 더 많이 알지도 모른다.

사람은 왜 남의 마음을 알고 싶어 할까? 여기에는 진화적 이유가 있다. 사람은 사회적 종족이며 생존하기 위해서 서로가 크게 의존한다. 사람은 다른 어떤 종보다 더 폭넓고 다양한 행동을 하는 복잡한 종이다. 이러한 환경에서는 사람은 남이 어떤 행동을 할지 예측하는 것이 요구된다. 어쩌면 곰이나 호랑이보다 훨씬 더 이러한 능력이 요구된다. 예측을 잘하기 위하여 가장 효율적 방법은 남의 마음이 어떤

지를 아는 것이다.

발달심리학 연구를 보면 사람은 타인을 보는 순간 그가 사람이라는 것을 인식한다. 한 인간이 된다는 것은 신체뿐만 아니라 마음도 갖추는 것이며, 바깥뿐만 아니라 안쪽도 갖춘다는 것이다. 인간은 사람을 볼 때 그 사람의 가면이 아니라 진면목을 보려고 한다. 인간은 자신이 남을 어떻게 보며 남은 자신을 어떻게 보는지에 대하여 추측하는 능력을 가지고 태어난다. 그러나 이러한 천부적 능력을 갖는 것은 인간의 마음을 이해하는 시작에 불과하다. 하느님은 인간의 본질을 잘 알지 모르나 인간은 잘 모른다. 인간은 상대가 누구인지 알아야 생존할수 있다. 어떤 사람이 사과를 정말 좋아하는지, 어떤 여성에게 꽃다발을 주면 좋아할지 등에 대하여 아는 것이 필요할 때가 있다. 아기는 성장하면서 이러한 종류의 문제에 직면하여 해결해 나간다.

주위에 있는 사람을 이해하는 그 자체는 독특한 자신의 일부가 된다. 아기는 타인의 마음이 어떠한지 알아가면서 자신의 마음도 어떠한지를 알게 된다. 아기는 어떻게 하면 자신의 마음이 타인의 마음이 되는지를 학습한다. 사회 공동체에는 독특한 의생활이나 식생활도 있지만 독특한 사고방식과 감정방식도 있다. 아기들은 성인들로부터 이러한 방식을 배운다. 지식의 문제를 해결하는 데 필요한 세 요소, 즉 선천적 지식, 강한 학습능력, 성인으로부터 얻는 무의식적 직관은 모두 타인의 마음을 아는 데 중요한 역할을 한다.

1. 신생아가 알고 있는 것은 무엇일까?

출산을 하고 나면 갑자기 고통과 흥분은 사라지고 조그마하고 따뜻한 생명체가 당신의 품에서 조용하고 평온한 큰 눈이 있는 얼굴이 당신을 쳐다볼 것이다. 고통이 지나가면 자연스럽게 당신에게 엔도르핀이 흐를지 모른다. 걱정했던 것과는 달리 정신은 오히려 더 멀쩡해진다. 초자연적 힘으로 눈을 뜨게 되고 모든 것은 평소보다 더 선명하고 또렷할 것이다. 일정 시간이 지나면 간호사는 당신 곁을 떠나고 당신 혼자 남게 된다. 남편이 잠자러 가거나 친척에게 출산을 알리려 집으로 돌아갈 때 팔에 아기를 안고 야릇하고, 달콤한 냄새가 나는 갓난아기를 바라보게 될 것이다. 적어도 한 시간에 한 번은 이 자그마하면서도 아직은 약간 찌그러진 얼굴을 찾을 것이다. 아마 아기도 엔도르핀이 분비되는 가운데 며칠간은 정신을 차리고 당신을 바라볼 것이다. 이러한 모든 것은 아기의 로맨스이다. 누구나 태어날 때 로맨스가 있는 것은 아니지만 진실한 사랑처럼 아기의 로맨스는 실망할 위험성과 고통스러운 현실이 있기는 하지만 인생의 위대한 선물이다.

과거에 아기에 대하여 별로 아는 것이 없는 전문가들은 신생아의 마음은 정원에 살고 있는 벌레보다 치밀하지 않다고 생각하였는데 이것은 완전히 오류로 밝혀졌다. 이들은 아기는 볼 수 없고, 웃음은 단지 가스 현상에 지나지 않으며, 친숙한 사람을 알아본다는 것은 어머니의 환상에 불과하다고 생각하였다. 어떤 사람은 자신의 갓 태어난 손자가 자신을 확실히 알아본다고 말하지만 이 시기의 아기는 사람과 개도 구별하지 못한다. 아기에 관해서는 민족마다 여러 가지 지혜를 가지고 있다. 아기와 상호작용을 하는 사람이면 누구나 아기도 곧 마음을 갖게 된다고 생각한다. 그러나 아직도 이러한 생각은 왜곡된 의학적 지식과 뒤섞여 냉소를 당하기도 한다. 우리는 가끔 막 부모가 된 사람들이 "분명히 아기가 나를 알아봅니다." "아기가 몰라볼 줄 알았어요"라고 말하는 것을 듣기도 할 것이다.

발달심리학자들은 아기가 사고를 할 수 있다는 것을 어떻게 알 수 있는가? 이는 녹화 기술 덕분이다. 아기가 알고 있는 것이 무엇인지를 확인할 수 있는 방법이 개발된 것이다. 일련의 기법을 고안하여 두 가지의 간단한 질문에 대한 답을 얻으려고 한다. 신생아는 두 개의 사물을 보면 같다고 생각할까, 아니면 다르다고 생각할까? 다르다고 생각한다면 어느 하나를 다른 것보다 더 좋아할까? 여러분은 잘 통제한 두 사건을 아기에게 제시하여 그것을 서로 구별할 수 있는지, 그중에서 어느 것을 더 보고, 더 듣고 싶어 하는지를 볼 수 있다. 예를 들면 아기에게 사람의 얼굴과 체크판과 같은 복잡한 사물을 보여주고 나서 아기가 무엇을 보고 있는지를 알지 못하도록 하고서는 관찰자에게 아기의 눈 운동만 기록한 결과, 아기의 눈 운동을 분석해 보면 어느 그림에 아기가 더 오래 보고 있었는지를 알 수 있다. 이 생각을 좀 더 넓혀 아기에게 마음을 안정시켜 주는 녹화테이프나 녹음테이프를 들어서 어디에 아기가 더 끌리는지를 알아볼 수 있다. 일반적으로 아기는 낯선 사람의 목소리보다는 어머니의 목소리를 더 오래 들으려고 한다.

마지막으로 성인과 마찬가지로 신생아도 지루함을 느낀다. 만약 이전에 보고 들었던 것을 반복해서 제시하면 아기는 그것을 보거나 들으려고 하지 않는다. 그러나 테이프를 새것으로 바꾸면 아기들은 생동감을 되찾고 다시 주목을 한다. 발달심리학자들은 이러한 지루함을 '습관'이라고 부른다. 예를 들면 여러 행복한 얼굴 표정을 아기에게 보여주면 처음에는 흥미를 느끼지만 시간이 지나면 점차 흥미를 잃는다. 아기들도 습관에 젖는 것이다. 그 얼굴이 비록 행복한 표정이라 하더라도 아기들은 더 이상 보려고 하지 않는다. 그러나 슬픈 표정을 한 얼굴을 보여주면 다시 응시한다. 이러한 사실은 아기도 행복한 표정은 서로 같은 것이며 슬픈 표정과는 다르다는 것을 안다는 것을 의미한다.

이러한 종류의 기법을 사용해 보면 아기는 출생할 때부터 사람의 얼굴과 그 밖의 모습을 구분할 수 있고, 사람의 목소리를 그 밖의 소리와 구분할 수 있으며, 사람 얼굴과 목소리를 다른 어느 것보다 더 좋아한다는 것을 알 수 있다. 태어나서 며칠 되지 않아 아기는 친숙한 얼굴을 인식할 수 있다. 냄새도 알아보는데 친숙하지 않은 냄새보다는 친숙한 냄새를 더 좋아한다. 아기는 태어날 때부터 어머니의 목소리는 알아듣는다.

아기들은 친숙한 얼굴과 사람 목소리가 나는 쪽으로 얼굴을 돌리고 자기 어머니 피부에 가까이 있었던 패드 쪽으로 얼굴을 돌리기까지 한다. 그러나 다른 사람의 얼굴이나 목소리, 냄새 나는 쪽으로는 고개를 돌리지 않는다.

9개월 전에 걷고 말하지 못할 때에도 행복한 표정과 화난 표정, 슬픈 표정을 구분할 수 있고 웃을 때 눈가에 주름진 얼굴이 행복한 목소리와 잘 어울린다는 것을 인식할 수 있다. 아기에게 슬픈 표정과 행복한 표정의 사진을 각각 동시에 보여주면서 행복한 목소리나 슬픈 목소리를 녹음하여 들려주면 아기는 목소리가 나타내는 정서와 일치하는 사진을 더 오래 바라본다.

아기들은 사람들이 어떻게 이동하는지도 안다. 사람의 팔꿈치, 무릎, 어깨에 밝게 발광 리본을 달아서 어두운 곳에서 그 사람이 움직이는 것을 녹화하면 발광점이 움직이는 것만 보인다. 성인이라면 누구나 이 움직이는 점은 사람이며 그 사람의 정서까지도 느낄 수 있다. 아기 역시 이러한 움직이는 추상적인 불빛 모양에서 인간인 것과 아닌 것을 구분할 수 있었고 인간의 움직임을 더 좋아하는 것으로 나타났다. 아기들은 발광점으로 된 추상적 인간의 모습에도 잘 반응을 한다.

신생아는 시력의 제한 때문에 사람들을 주목하지 못한다. 신생아가 앞을 보지 못한다는 것은 하나의 허구에 지나지 않는다. 물론 신생아는 성인의 기준으로 보면 아주 근시이며 성인과 달리 아주 가까이 있는 물체와 멀리 있는 물체에 초점을 잘 맞추지 못한다. 1피트 정도 떨어져 있는 물체는 잘 보이나 그보다 좀 더 가까이 있거나 멀리 있는 물체는 흐리게 보인다. 초점을 잘 맞추는 거리는 신생아의 얼굴에서 자신을 안고 있는 사람의 얼굴까지의 거리에 해당한다. 아기들은 무엇보다 자신을 사랑하는 사람을 더욱 분명하게 볼 수 있도록 설계되어 있다.

한 살배기 아기는 사람의 표정을 모방할 수 있다. 아기에게 혀를 내밀어 보이면 아기도 혀를 내밀어 보인다. 입을 벌리면 아기도 입을 벌린다. 이러한 현상이 실제 모방한 것이라는 것을 어떻게 알 수 있는가? 아기에게 혀를 내밀거나 입을 벌린 모습을 보여주고 난 뒤에 이 모습을 보는 아기의 얼굴을 촬영하였다. 그러고 난 다음 촬영한 동영상을 아기가 무엇을 보았는지 모르는 사람에게 보여준 다음 아기가 혀를 내밀었는지, 입을 벌렸는지 어땠는지를 물어보았다. 그 결과 이 동영상을 본 사람이 판단한 아기의 행동과 아기가 본 것 간에 상관이 있는 것으로 나타났다. 이러한 실험을 한 대상은 생후 3주된 아기였다. 이러한 모방 능력이 선천적인 것인지 아닌지를 확인하기 위하여 신생아를 대상으로 한 실험이 필요하였다. 출산이 임박한 임산부의 협조를 얻어 출산 직후의 아기에게도 똑같은 실험을 하였다. 놀랍게도 출생한 지 만 하루가 되지 않은 아기도 모방행동을 하였으며, 모방행동을 한 신생아 중에는 태어난 지 24분밖에 안 되는 아기도 있었다.

얼핏 생각하면 이러한 모방 능력은 별거 아닌 것 같지만 생각해보면 그것은 매우 놀라운 사건이다. 자궁 안에는 거울도 없고 신생아는 자신의 얼굴도 본 적이 없다. 그렇다면 아기는 자신의 혀가 입안에 있는지 밖에 있는지 어떻게 알 수 있었을까? 거울을 보지 않고 여러분의 얼굴이 어떻게 생겼는지를 아는 방법이 있다. 혀를 내밀어보기 바란다. 보지 않고도 근육이나 신체 내에서 일어나는 느낌을 통해서 자신이 혀를 내밀고 있다는 것을 알 수 있다.

혀를 내미는 행동을 흉내를 내기 위해서는 내적 느낌과 자신이 보고 있는 혀 사이에 유사성이 있다는 것을 이해하여야 한다. 신생아는 얼굴을 구별하고 얼굴을 좋아할 뿐만 아니라 그 얼굴이 자신의 얼굴과 유사하다는 것을 안다. 아기는 타인도 자신과 비슷하다는 것을 알고 있다. 자신의 신체, 표정, 동작, 고통, 간지러움이 있다는 내적 감각보다 더 개인적이고 자신의 일부인 것은 없다. 우리는 태어날 때부터 이러한 개인적 자아와 눈에 보이지만 느낄 수 없는 타인의 신체 운동을 연결시킬 수 있는 능력이 있다. 자연은 묘하게도 인간은 남의 마음을 알 수 있는 시기를 앞당겨주었다. 인간은 자신이 남과 비슷하고 남 역시 자신과 비슷하다는 것을 출생하자마자 아는 것이다. 아주 어린 아기조차 대상, 특히 사람들에게 반응하는 이유는 다른 데 있다.

아기들은 재롱을 떤다. 인생의 큰 즐거움 중 하나는 3개월 된 아기를 안고 아기에게 아무런 의미도 없는 말을 하는 일이다. 여러분은 흔히 분별 있고 책임감 있으며 전문가다운 목소리로 "너는 귀여운 토끼지. 그렇지?" 등과 같은 자신의 말을 듣게 된다. 여러분은 눈을 치켜뜨고 우스꽝스러운 얼굴을 보여주기도 한다. 그러나 이보다 훨씬 놀라운 일은 아기가 당신의 터무니없는 행동에 반응을 보인다는 것이다. 아기는 당신이 하는 말에 대응하여 옹알이를 하고 당신이 웃으면 따라 웃는다. 목소리 억양에 따라 몸짓도 한다. 마치 당신과 똑같은 두 사람이 춤이나 대화, 노래를 하는 것 같다. 이것이야말로 진정한 천국이다. 아기가 타인의 표정이나 몸짓, 목소리에 스스로 각각에 해당하는 반응을 할 수 있다는 증거는 많다. 여러분이 얘기할 때 아기도 얘기한다. 여러분이 말을 끝내고 아기 차례가 되면 아기는 웅얼거리고, 주먹을 휘젓고, 발을 버둥거린다. 흉내를 내는 것과 마찬가지로 아기가 재롱을 피우는 것을 보면 아기는 자신에게 보이는 사람을 알 뿐만 아니라 독특한 방식으로 그들과 관계를 맺으려 한다는 것을 알 수 있다. 성인이 재롱을 떠는 것과 마찬가지로 아기도 말없이 재롱을 떨며 더욱 직접적으로 인간관계를 맺으려고 한다.

2. 아기는 지속적으로 세상과 타인과 관계를 맺는다

생후 3개월만 되어도 아기는 타인에게는 특별한 무언가가 있다는 것을 이해하고 특별한 방식으로 관계를 맺는다. 그러나 삶이란 불행하게도 모두 신비로운 친교는 아니다. 어쩌면 그저 잠자리에서 하는 다정한 이야기에 지나지 않을 수도 있고, 밸런타인데이에 하는 아무런 의미가 없는 말일 수도 있다. 우리는 사람에 대하여 알아야 할 것이 많다. 사람에 대하여 알아야 할 것 중의 하나는 인간의 사물에 대한 사고방식이다. 사람들은 사물을 보면 갖고 싶어 하고 그것을 다루어 보고 나서 그것에 관하여 알게 된다. 생후 1년쯤 되면 사람들과 상호작용하는 방식에 매우 놀랄 만한 변화가 일어난다. 아기는 애정을 주던 부모 이외에 갑자기 곰돌이 인형, 공, 열쇠, 딸랑이, 전선, 숟가락, 장난감 개, 전화기, 화병, 립스틱, 원격 조종 비행기, 매력적인 갑옷투구 등과 같은 매혹적인 사물이 자신에게 등장한다. 한 살쯤에는 앉을 수 있고, 손을 뻗치고 길 수 있기 때문에 이전까지 멀리서 바라만 봐야 했던 이러한 물건이 이제는 가지고 싶은 대상이 된다. 그렇다고 타인들이 완전히 아기의 머릿속에서 사라지는 것은 아니다. 이제 아기는 일종의 자신, 사람, 사물이라는 인지적 삼각형의 한 요소가 되는 것이다.

아기가 생후 1년이 되면 사물을 가리키고 타인이 가리키는 사물을 보기 시작한다. 흉내를 내는 것과 마찬가지로 가리킨다는 것도 우리는 너무나 당연한 현상으로 보기 쉽다. 그렇지만 흉내를 내는 것과 마찬가지로 무엇을 가리킨다는 것은 자신과 타인을 깊이 이해하고 있다는 것을 의미한다. 만약 여러분이 무언가를 가리킬 때 어떤 사람이 그 사물을 볼 때 다른 사람의 얼굴을 살핀다면 이것은 다른 사람도 여러분이 보고 있는 사물을 보고 있다고 생각한다는 것을 의미한다. 우리는 성인이 아기에게 가리킨 것에 대하여 아기가 본 것을 체계적으로 기록하고 측정할 수 있다. 생후 1세쯤의 아기는 성인이 가리킨 곳을 정확하게 볼 수 있다.

몇몇 실험 결과를 보면 1세 아기는 사람들을 새롭게 빨리 이해한다는 것을 알 수 있다. 아기에게 새로운 것, 작고 이상하고, 신기하고, 위험스러운, 장난감 로봇 같은 것을 보여주면 어떤 일이 벌어질까? 아기는 엄마를 훑어보고는 엄마가 밖으로 나가는 것을 확인한다. 아기는 무얼 생각할까? 안심하는 듯한 미소나 무서운 표정이라도 지을까? 1세 아기는 서서히 자신의 반응행동을 수정해 나간다. 만약 어떤 미소를 짓는 대상에 직면하면 탐색하기 위하여 앞으로 기어갈 것이고, 무서움을 주는 대상에 직면하면 죽은 듯이 동작을 멈출 것이다. 예를 들면 아기에게 사람이 상자 안을 들여다보는 모습을 보여준다. 한 개의 상자는 즐거운 표정을 하면서 들여다보고 나머지 한 개는 혐오스러운 표정을 하면서 들여다본다. 그러고 나서 아기가 한 번도 들여다본 적이 없는 이 두 개의 상자를 아기에게 내밀어본다. 그러면 아기는 실험자의 표정을 보고 상자 안에 무엇이 있는지를 안다. 아기는 실험자가 행복한 얼굴 표정을 지었던 상자는 열어보지만 혐오스러운 표정을 지었던 상자는 열어보지 않는다. 아기는 타인이 행복감을 느끼는지 혐오감을 느끼는지는 이해하지 못하지만 어떤 것이 행복감을 주고 어떤 것이 혐오감을 주는지는 안다.

역시 남들이 자신에게 하는 행동을 보고 무엇을 가지고 무엇을 할 것인지를 이해할 수 있다. 한 실험에서 아기에게 전혀 예기치 못한 방식으로 새로운 사물을 보여주었다. 상자 윗부분에 이마를 대었더니 상자에 불이 켜졌다. 아기는 넋을 잃고 그것을 바라보았다. 그러나 손으로 상자를 만지지는 않았다. 일주일 후 그 아기를 실험실로 다시 데려왔다. 아기에게 아무것도 하지 않고 그 상자를 주었다. 그랬더니 아기는 즉각 자기 이마를 상자 윗부분에 대는 행동을 하였다. 아기가 기억력이 없다는 것은 일반적으로 잘못된 생각이다. 아기는 일주일 동안 그 상자를 가지고 무엇을 하는지에 대한 정보를 처리하였던 것이다. 더욱이 아기는 남들이 어떤 대상에 대하여 무언가 특별한 것을 하면 자신들도 똑같이 해야 한다고 생각한다. 이것은 아기가 장난감 전화 놀이를 할 때 볼 수 있다. 장난감 전화기가 작동하지 않지만 아기들은 실제 성인이 전화를 거는 것처럼 흉내를 낸다. 아기들은 전화 버튼을 누르고 전화기를 귀에 대고 웅얼거리기까지 한다.

그래서 아기가 1세경이 되면 타인에 대하여 처음 가졌던 따뜻한 정서적 유대가 세상으로 확대 연결된다. 성인도 동일한 사물에 대해서는 동일한 행동을 한다. 동일한 사람에게 느끼는 방식도 이와 마찬가지로 같다. 이러한 통찰을 통해서 아기에게 타인의 마음을 이해하는 전체적인 차원이 새롭게 생겨난다. 1세가 되면 타인이 가리키는 곳을 보면 뭔가를 볼 수 있다는 것을 알게 된다. 타인들의 행동을 보고서 무엇을 해야 할지도 알고, 그리고 타인이 어떻게 느끼는지를 보고 자신이 어떻게 느껴야 하는지도 안다.

아기들은 남을 통해서 이 세상을 이해한다. 1세 아이는 이미 아주 단순한 방식으로 한 문화에 참여하고 있다. 이전 세대가 발견한 것을 이용할 수도 있다. 아기들은 저 코너에서 볼 만한 가치가 있는 것이 있고, 저 상자 안에는 혐오스러운 것이 있으며, 상자 상단에 이마를 대면 상자에 불이 켜진다는 것을 스스로 발견하려고 하지 않아도 된다.

우리는 언어를 사용하지 않고 모든 사물을 구분할 수 있다. 말하지 못하는 아기도 당연히 사물을 구분하는 문화적 존재이다. 이처럼 아기는 남을 통해서 모든 일이 순조롭게 되도록 할 수 있다. 1세 된 아기는 손이 미치지 못하는 곳에 있는 장난감을 가리킬 수 있고, 성인이 그것을 갖다 줄 것으로 기대하거나 성인의 손에 자신의 손을 얹어서 성인이 숟가락으로 사과 소스를 가져오도록 할 수도 있다. 아기는 말하기 훨씬 이전부터 의사소통은 할 수 있는 것이다.

이러한 특별한 삼각관계에 대한 이야기는 유종의 미를 거둔다. 아기는 새로운 사물에 흥미를 느낌으로써 타인과 더 깊은 공통점을 가지고 의사소통을 하게 된다. 친교보다는 의사소통에 관한 것이 더 많다. 성인조차 베갯머리에서 하는 이야기를 통해 한식을 좋아하거나 만화영화는 싫어한다는 것을 알게 되는 등 색다른 기쁨을 만끽한다. 최고의 애정 상태에서 여러분은 이 세상을 함께 만나는 것이다. 여러분은 아기와 서로 그저 얼굴만 마주하는 것이 아니다. 아기가 12개월이 넘으면 자녀와 부모 사이의 애정은 누구에게나 이렇게 일어난다.

3. 2세 아기는 타인의 입장을 고려하기 시작한다

아기와 성인은 모두 다른 대상으로부터의 위험을 성공적으로 헤쳐 나간다. 그러나 유아의 에덴동산에는 훨씬 위험한 뱀이 도사리고 있다. 내부의 적은 항상 외부의 적보다 더욱 강하다. 아기들은 사람들이 자신들처럼 사물에 대하여 항상 똑같은 태도를 지니고 있는 것으로 알고 학습할 준비가 되어 있지만 남들은 때로 그렇지 않다. 아기가 만져서는 안 될 전등이나 화병, 립스틱을 만졌을 때 어떤 일이 벌어지겠는가? 아버지가 아기가 싫어하는 순무나 사과를 아기의 입에 갖다 대면 어떤 일이 벌어지겠는가? 두 사람 사이의 공유성과 의사소통은 갈라지고 만다. 이것은 1세 아이에겐 모순인 것 같기도 하고 잘못된 것 같기도 하다. 아기가 분명히 전등을 만지고 싶으면 싶을수록 어머니는 아기가 만지지 못하도록 한다. 아기가 순무를 거절하면 할수록 아버지는 아기에게 그것을 먹이려고 한다. 비록 아기와 성인이 동일한 대상에 반응하더라도 그 대상에 대한 태도는 서로 다르며 심지어는 정반대인 경우도 있다. 생후 1세 반경이 되면 아기는 사람들이 서로 다르다는 것을 이해하고 그 차이에 매료되기 시작한다. 우리는 이것을 입증해 보일 수 있다. 아기에게 음식이 담긴 그릇 두 개를 보여주었다. 하나에는 맛이 있는 금붕어 과자를 담아두었고, 나머지 하나에는 맛이 없는 생 브로콜리를 담아두었다. 어머니는 각 그릇의 음식을 맛보면서 한쪽 음식에는 아주 즐거운 표정을 지었고, 나머지 한쪽 음식에는 혐오스러운 표정을 지었다. 그리고 나서 아기에게 두 음식을 갖다 주고는 손을 내밀면서 "나 좀 줄래?"라고 해보았다. 아기는 어머니에게 과자를 주었다. 그런데 이번에는 브로콜리를 맛있는 것으로, 과자를 맛없는 것으로 표정을 지으면 어떻게 될까? 그래도 아기는 어머니에게 과자를 주었다. 이러한 결과는 사물에 대한 우리의 태도와 아기의 태도가 서로 다르며, 좋아하는 것도 서로 다르다는 것을 보여준다. 생후 14개월이 된 아기도 역시 1세 아기처럼 어머니에게 과자를 주었다. 그러나 더 영리한 생후 18개월 된 아기는 어머니에게 자신이 싫어하는 브로콜리를 주었다. 이처럼 겨우 말만 할 줄 아는 이 작은 아기가 이미 사람에 관하여 아주 중요한 것을 알고 있는 것이다. 아기는 사람들마다 원하는 것이 있으며 그것은 사람마다 다르며 서로 간에 갈등이 일어날지도 모른다는 것을 알고 있는 것이다.

　이러한 현상은 일상생활 속에서도 발견할 수 있다. 모든 부모들은 1살짜리 귀여운 아기가 드라마에 등장하는 악명 높은 '무시무시한 두 살짜리 괴물'이 된다는 것을 알고 있다. 두 살짜리 꼬마가 이렇게 무시무시해지는 것은 하지 말라고 하는 일을 하기 때문이 아니라 하지 말았으면 하는 것을 하기 때문이다. 두 살짜리에 비하면 한 살짜리는 너무 착하다. 한 살짜리 아기가 숨겨 놓은 물건에 매우 흥미를 느낀다면 두 살짜리 아기는 심술을 부린다. 두 살짜리 아기는 일부러 당신을 빤히 보면서 꽂아 놓은 전기 코드를 잡아당긴다.

　이 밖에도 무수한 악마 같은 일을 저지른다. 타협적인 아기는 어머니가 숨겨 놓은 물건을 끄집어낼 때 어머니에게 화사한 미소를 보낸다. 기하학적 능력이 우수한 아이는 물건을 보지 않고 어머니만 보면서 숨겨 놓은 물건과 수센티미터 떨어진 곳까지 접근하기도 한다. 부모를 성가시게 하는 이러한 모든 행동은 사실 아주 합리적이다. 생후 2년 된 아기는 사람들의 욕망은 서로 다르다는 것을 알기 시작한다. 앞의 과자와 브로콜리 실험에서 보듯이 아기는 약 12개월이 되면 욕망의 차이를 이해하기 시작한다. 14개월이 되면 자기의 욕망과 타인의 욕망이 동일할 것이라고 생각하기 시작한다. 그 무시무시한 2세 아기는 자신의 욕망과 타인의 욕망이 같다는 것을 안다. 또한 자신의 욕망과 타인의 욕망이 서로 충돌할 수도 있는 세계를 탐색하려고 한다. 이 아이들은 벽에 꽂힌 전기 코드보다 코드를 뽑는 자신의 행동에 반응을 보이는 부모의 행동에 더 흥미를 느끼기 때문에 부모를 쳐다보는 것이다. 이때에는 아기가 초보 심리학자라면 부모는 실험을 당하는 쥐인 셈이다.

그러나 이 시기의 아기는 우리를 일부러 화나게 하려고 하는 것은 아니라는 것을 알면 마음이 편할 것이다. 아기들은 단지 자신들이 한 행동에 대하여 우리가 어떻게 반응하는지를 알고 싶어 할 뿐이다. 2세 아이가 야단을 맞고 나서 흘리는 눈물은 진짜 눈물이다. 2세 아이는 타인을 이해하고 싶은 욕구와 타인과 행복하게 지내고 싶은 욕구 간의 충돌에 대하여 깊이 생각하기 때문이다. 사람들이 무슨 행동을 할 것인지를 이해하려면 다소 위험하더라도 모험을 할 필요가 있을지도 모른다. 2세 아이의 학습 욕구는 매우 강하다. 2세 아이가 진리를 탐색하는 과정은 과학자가 전문적으로 탐색하는 것과 차이가 없다. 아이의 탐색활동은 하나의 열정이고, 과학자와 마찬가지로 이 열정 때문에 가끔 집안의 행복이 희생되기도 한다.

2세 아이가 사람에 대하여 새롭게 발견하는 것에는 매우 긍정적 면이 있다. 어느 날 맞벌이 부부인 어머니가 직장에서 일을 잘 처리하지 못해 절망한 채 집으로 돌아왔다. 생각할수록 자신이 무능력하고 자식에게도 잘해 주지 못하는 면목 없는 어머니라는 것을 깨달았다. 이러한 생각에 그만 울음을 터트리고 말았다. 그러자 두 살짜리 아들이 걱정스러운 얼굴로 어머니를 보더니 잠시 후 약 상자를 들고 와 붕대로 어머니 몸을 감기 시작하였다. 아기 눈에는 어머니의 상처는 감아도 여러 번 감아야 할 큰 상처로 보인 것이다. 많은 의사처럼 이 아이 역시 진단을 잘못하였지만 그 처치는 매우 효과가 있어서 어머니는 울음을 그칠 수 있었다.

이것은 단지 특별히 귀여운 아기에 관한 감동적 이야기가 아니다. 연구 결과를 보면 2세 아이는 사실 최초로 타인에게 공감을 보여주기 시작한다. 물론 이보다 더 어린아이도 타인의 스트레스에 짜증 반응을 보인다. 예를 들면 부부가 싸움을 하면 운다. 그렇지만 두 살짜리 아이는 부모에게 위안을 해줄 줄 안다. 부모의 고통을 거의 느끼지 못하지만 그 고통을 경감시키려고 애쓴다. 두 살짜리는 괴물이기도 하지만 이렇게 남을 위할 줄도 아는 천사인 것이다.

공감을 하기 위해서는 두 살짜리 아이에게서 보듯이 타인을 세밀하게 이해하는 것이 요구된다. 타인이 어떻게 느끼는지, 타인에게 어떻게 해주면 더 좋게 느끼게 되는지, 언제 그렇게 해야 하는지를 알아야 한다. 비록 자신은 붕대가 필요하지 않지만 타인은 그것이 필요하다는 것을 알아야 한다. 아기 자신은 브로콜리가 필요하지 않지만 상대방은 그것을 원한다는 것, 아기 자신이 전기 코드에 접근하는 것을 상대방은 원하지 않는다는 것을 알아야 하는 것이다. 진정으로 공감한다는 것은 여러분의 느낌대로 타인이 느낀다는 것을 의미하는 것이 아니라, 타인이 자신과 똑같이 느끼지 않는다는 것을 안다는 것을 의미하는 것이며 타인을 보살펴준다는 것을 의미하는 것이다. 이 기들은 그렇게 깊은 도덕적 통찰력을 가지고 태어나지는 않았지만 2세가 되면 이미 그것을 이해하기 시작한다.

4. 3세 아이도 타인의 입장에서 생각할 수 있다

아기는 자신의 욕구와 타인의 욕구가 다르다는 것을 알고 자신이 보는 것과 타인이 보는 것도 다르다는 것을 안다. 다만 1세 이전까지의 아기만 자신이 보는 것이나 남이 보는 것이나 모두 같다고 생각한다. 걸음마를 할 수 있는 2세가 넘는 아기에게 숨바꼭질 놀이를 해보면 아기 자신과 타인의 관점이 다르다는 것을 아는지 모르는지 확인할 수 있다. 이 놀이는 걸음마 아이기에 좋아하기는 하지만 잘하지는 못한다. 2세 아이가 좋아하는 숨는 전략은 몸의 아랫부분은 숨기지 않고 머리만 책상 밑에 박는 전략일지도 모른다.

이러한 현상은 실험을 통해서 체계적으로 확인할 수 있다. 아기에게 사진을 보여준다. 그런 다음 그 사진을 아버지에게 보여주라고 하면 아버지가 잘 볼 수 있도록 사진의 방향을 바꾸어서 주지 못하고 자신이 본 방향대로 준다. 이것은 아버지 입장에서 사진을 어떻게 봐야 하는지 생각하지 못하기 때문이다.

이러한 현상은 간단한 물건 감추기 실험을 통해서도 확인할 수 있다. 탁자 중간에 줄로 천을 매달아 칸을 막아 놓는다. 그런 다음 실험을 하기 전에 아기와 어머니는 자동차와 같은 작은 장난감을 아기와 서로 주고받는 놀이를 한다. 어머니가 장난감 하나를 아기에게 주면 아기도 하나를 준다. 이러한 놀이를 반복하고 난 뒤에 준비한 탁자로 온다. 탁자 한쪽에는 어머니가 앉고, 반대쪽에는 아기가 앉도록 한다. 그런 다음 어머니가 아기에게 장난감을 주면서 그 장난감을 어머니가 보지 못하도록 숨기라고 하면 아기는 그 장난감을 탁자 중간에 쳐져 있는 천 커튼 안으로 밀어 넣어 숨긴다. 자신에게 보이지 않도록 하면 어머니도 보이지 않는 줄로 생각하고 이렇게 한다. 이러한 행동은 20개월 내지 30개월이 된 아이에게 흔히 나타난다. 그런데 이보다 나이가 더 든 아이들은 이 실험에서 적극적으로 물건을 숨기는 행동을 보인다. 예를 들면 어머니가 있는 쪽으로 걸어가서 칸막이가 그쪽에서는 어떻게 보이는지 확인하거나 어떤 아이는 장난감을 자기 몸 뒤쪽에 숨기는 등의 행동을 하지만 역시 앞의 사진 실험과 마찬가지로 장난감을 자신 쪽에 두면 아기 자신은 볼 수 있지만 상대방은 볼 수 없다는 생각을 하지 못한다.

그러나 3세 이전의 아이들이라도 자신이 보는 것과 타인이 보는 것 간에는 차이가 있다는 것을 안다. 그런데 3세가 되면 앞의 실험에서 아이는 장난감을 자기 쪽에 숨기는 모습을 보이기 시작한다. 자신이 볼 수 있는 것을 상대는 볼 수 없을 수도 있다는 것을 안다. 상대방이 언제 그 사물을 볼 수 있고 없는지를 예측할 수 있다. 3세 된 아이는 다른 관점에서 사물이 어떻게 보이는지를 말하기도 한다.

노란색 오리 장난감을 파란색 플라스틱 뒤에 두면 그 오리는 녹색으로 보인다. 이러한 함정에서도 3세 된 아이기는 오리가 실제로는 노란색이라는 것을 안다. 이 아이는 오리는 플라스틱의 어느 한쪽에 있는 사람에게는 연두색으로 보이고 다른 쪽에 있는 사람에게는 노란색으로 보인다고 말하기도 한다. 지금까지 알려진 바와 달리 3세 아이도 타인의 입장을 이해하여 자아중심성에서 탈피하고 있는 것이다. 그런데 놀랍게도 2세 아이는 이러한 문제를 해결하지 못한다.

5. 아기의 신념은 성인과 다르다

　욕망이나 지각, 정서는 마음의 중심 부분이다. 그런데 겨우 3세가 되어야 이러한 정신 상태를 이해한다는 것은 놀라운 일이 아닐 수 없다. 아이들은 욕망이나 지각, 정서를 우리가 자석이나 총알을 생각하는 것과 같은 방식으로 생각하는 것 같다. 여러분이 뭔가 원하는 것이 있으면 쇳가루가 자석에 붙는 것처럼 그것에 끌린다. 그러나 신념과 사상과 같은 것은 좀 다르다. 아이스크림이나 장난감 자동차는 우리가 보고 싶은 대로 볼 수 있는 것은 아니다. 누구도 그렇게 생각하지 않는다. 다만 아이스크림과 장난감 자동차에 관하여 무엇을 믿거나 생각하는 것이다. 아이스크림 안에는 땅콩이 있다거나 장난감 자동차는 건전지가 필요하다는 것을 믿는 것이다. 뭔가를 믿는다는 것은 생각하고 있는 사상(事象)에 대하여, 즉 그것에 관하여 일종의 내적 묘사나 심상을 한다는 것을 의미한다.

　여기에서 내릴 수 있는 하나의 중요한 결론은 신념이란 진실이 아닐 수도 있다는 것이다. 아이스크림 속에 바나나가 들어 있음에도 땅콩이 들어 있다고 믿을 수 있고, 장난감 자동차가 실제로는 고무줄로 작동함에도 건전지가 필요하다고 믿을 수 있다. 우리는 진실과는 거리가 먼 이 세상의 그 어떤 것도 믿을 수 있다. 욕망과 지각도 마찬가지로 진실이 아닐 수 있다.

　우리는 아이가 신념을 이해하는지 어떻게 알 수 있을까? 아이에게 누군가 진실이 아닌 것을 진실이라고 믿고 있는 간단한 시나리오를 주어보자. 예를 들면 아이들에게 사탕 상자를 보여주면 아이들은 누구든지 그 안에 사탕이 있을 것이라고 생각한다. 그러나 아이에게 그 안에 연필이 들어 있는 것을 보여준다. 그런 다음 아이들에게 몇 가지 간단한 질문을 한다. 그 안에 무엇이 있는지, 자신의 친구 영희가 이 상자를 보면 무엇이 들어 있다고 생각할지, 사탕이 먹고 싶은 사람이 이 상자를 열어보면 실망할지, 연필을 갖고 싶은 사람은 이 상자를 열어보려고 할지, 이 상자 안에 사탕이 들어 있는 것처럼 보이는지 아니면 연필이 들어 있는 것처럼 보이는지 등등을 물어볼 수 있다.

이러한 질문을 통해서 속임수 상자 때문에 아이들은 거짓 신념을 갖게 된다는 것을 알게 된다. 아이는 실제로 존재하는 것과 다른 방식으로 세상을 생각할 수도 있다. 아이들은 상자에 연필이 들어 있다는 것을 알고 나서야 상자 안에 연필이 들어 있을 것처럼 보인다고 말한다. 마치 어린아이들은 하나의 세상, 하나의 실재만 존재하므로 누구나 똑같은 방식으로 이해하는 것처럼 생각한다. 사람들은 동일 사상(事象)에 대하여 믿음이 결코 다르지 않으며 어떤 것에 대해서도 자신들의 믿음은 바뀌지 않을 것이라고 생각한다.

물론 성인들도 가끔 이러한 환상을 가질 수 있다. 그러나 우리는 적어도 가끔 사람들이 우리에게 동의하지 않거나 자신이 잘못되었다는 것이 판명난다는 것을 앎으로써 자신의 독단을 포기하기도 한다. 아이들의 무과실주의는 하나도 문제 삼을 필요가 없다. 아이들은 자신들의 믿음이 변해왔다는 것을 알지 못한다. 타인의 믿음에 대하여 아이자신의 가지고 있는 믿음에 오류가 있는지 알아보자. 처음 상자를 보여주었을 때 아이들은 '사탕'이라고 대답했다. 상자를 열어보고는 '연필'이라고 대답했다. 그리고 1분도 채 안 되어 단호하고도 진지한 표정으로 그 상자 안에는 사탕이 있다고 말한다.

3세 아이는 무엇에 대하여 어떻게 알았는지를 기억하지 못한다. 심지어는 그 일이 불과 수초 전에 일어났음에도 불구하고 기억하지 못한다. 한 실험에서 실험자는 철사와 천으로 가림막을 만들고 컵 한 개를 감추었다. 아이들은 3가지 방법 중의 어느 한 방법으로 그 가림막 안에 컵이 있다는 것을 알도록 했다. 가림막을 들어 올려 컵을 찾아보게 하거나, 아니면 두 손을 가림막 안으로 집어넣어 컵을 만져보게 하거나, 아니면 실험자가 "컵은 안에 있어"라고 말해주는 것이었다. 그리고 나서 실험자는 가림막 안에 무엇이 있는지 아이들에게 물어보았다. 그러면 아이들은 항상 답을 맞혔지만 다음 질문에는 답하기 어려워했다. 아이들에게 가림막 안에 컵이 있는지 어떻게 알았니? 만져보고 알았니? 아니면 보고 알았니? 아니면 말해줘서 알았니?라고 물으면 어린아이들은 자신들이 사물에 대하여 어떻게 알았는지 대답을 하지 못한다. 실험자가 컵이 안에 있다고 말해준 아이 중에는 컵을 만져보고 안 아이도 있었다. 그러나 일상생활 속에서 일어나는 일을 기억하는 것은 아주 탁월하다. 성인만큼 아니면 성인보다 더 우수하기도 하다. 앞 장에서 소개한 모방 실험에 참가한 1세 아이조차 실험자가 상자에 이마를 댄 것을 일주일 동안이나 기억하고 있었던 것이 생각날 것이다. 또 다른 실험에서는 18개월 된 영아는 4개월 동안이나 기억하기도 하였다. 아기들은 자신들의 신념은 기억할 수는 없지만 과거 일은 잘 기억한다.

아기들은 가장 오래되고 소중하게 여겨져 왔던 어떤 철학적 학설 중의 하나에 도전하고 있다. 우리는 '타인의 마음의 문제는 타인에 관한 것'이라고 생각한다. 우리가 타인의 생각을 유추해야 할 때는 적어도 우리 자신이 무엇을 생각하는지를 알고 있다. 데카르트는 우리가 확실히 알고 있는 유일한 것은 우리가 스스로 생각하고 있다는 것이라고 했다. 즉, '나는 생각한다. 고로 나는 존재한다'이다. 그러나 아이들은 자신들의 마음 상태를 말하든, 타인의 마음 상태를 예언하든 똑같은 과오를 범한다. 아이들은 마음에 대하여 하나의 이론만을 가지고, 그것을 자신이나 타인에게 똑같이 적용하는 것이다. 어린아이는 자기 주위에 있는 타인의 마음보다 자신의 마음을 더 잘 이해하는 것은 아니다. 그것은 마치 우리가 자신을 타인과 비교함으로써 타인을 아는 것과 같은 것일지도 모른다. 연구결과를 보면 우리는 타인을 관찰하여 자신의 마음을 알게 된다.

6. 아기의 애착도 주어진 것이 아니다

우리가 남에 대하여 깊이 알게 됨으로써 그들과 함께 살아가는 방식을 습득하듯이 자신을 깊이 알게 되면서 자신이 살아가는 방식을 습득한다. 아기는 자신이 무엇인가 새롭게 발견함으로써 일상생활에 영향을 받는다. 아이들은 2세가 되면 상대방의 감정을 느낄 수 있고, 3, 4세가 되면 점차 마음의 세밀한 부분까지 이해하게 되면서 역시 자신들의 일상생활에 영향을 받는다.

어린아이는 강한 정서를 가지고 있지만 일반 이론에서는 정서가 마치 아기행동의 주 동기이며 사고나 지식으로서 행동이 수정되지 않는 것처럼 생각해 왔다. 예를 들면 전통적 프로이드 이론에서는 아이의 사고와 신념은 전적으로 그들의 원초적 동기에 의해서 형성되는 것으로 보았다. 전통적 생물학에서는 어미와 새끼 간의 유대에 의하여 행동하는 것으로 보았다. 새 새끼는 부화하고 나서 처음 자신 앞에서 움직이는 큰 물체를 따라간다는 식이다. 어떤 이론에서는 최소한 인간의 '정서 유대'나 '애착' 역시 거의 반사적이며 본능적 반응 행동이라고 보기도 한다. 어떤 분만실 벽에는 '아이와 어머니 간에 정서 유대가 생기기 전에는 아이를 어머니와 떼어 놓지 마세요'라는 글귀가 있다. 어떤 어머니가 아기를 출산하였는데, 간호사가 아기를 신생아실로 데려가자, 그 어머니는 아이를 데려가지 말라고 말하였다. 그러자 그 간호사는 '걱정 마세요. 당신과 제일 먼저 애착이 형성되도록 해드릴게요'라고 대답하였다는 것이다. 이 일화는 일종의 근접성 애착관을 말해준다. 즉, 어머니와 아기를 수분 동안 함께 있도록 하여 애착을 공고히 하겠다는 것이다.

최근의 많은 연구결과를 보면 이러한 생각은 바뀔 필요가 있다. 욕망은 사고를 지배하지 않으며, 애착은 결정적 시기에 발생하고 일단 형성되면 영원히 가는 것이 아니라는 것이다. 정서 때문에 지식이 왜곡되는 것 이상으로 지식 때문에 정서도 달라지는 것이다. 부모와 자식 간의 관계도 타인과의 관계처럼 서로 알게 됨에 따라 발달하고 변해가는 것이다. 애착이나 정서 유대에 대하여 새롭게 알려진 것은 어린아이는 모델을 내면화한다는 것이다. 즉, 사람들이 서로 어떻게 관계하는지를 체계적으로 마음속에 그린다는 것이다. 물론 주위 사람을 관찰한 것의 영향을 많이 받지만, 아이가 새롭게 관찰한 것을 해석할 때에는 이러한 모델의 영향을 크게 받는다. 만약 당신이 어려움에 처했을 때 따뜻하게 해주고 믿었던 사람이 당신을 외면한다면 이 경험은 타인의 행동 방식을 기대하고 해석하는 데 영향을 준다. 그러나 모델은 고정된 것이라기보다는 유동적이다. 과학 이론처럼 충분한 새로운 증거가 있으면 변한다. 아이는 사람들의 활동에 대한 새로운 정보를 얻으면서, 특히 사람들이 친밀한 방식으로 함께 활동하는 방법에 대한 정보를 얻으면서 자신의 관점을 수정한다. 학대받은 아이라도 자신을 외면하지 않는 누군가가 주위에 있으면 오래전의 손상에서 벗어날 수 있다. 친구나 아주머니, 또는 교사처럼 비교적 짧게 경험하는 대상도 사랑이 어떻게 작용하는지에 대한 대안적 모습을 제공해줄 수 있다.

어린아이가 사람에 관하여 학습하는 이러한 것들은 자신의 정서적·사회적 생활에 큰 영향을 준다. 프로이드의 주장에서 옳다고 생각되는 것 중의 하나는 3세 아이의 놀랄 만한 성적 특성이다. 3세 아이는 부모를 마치 연인처럼 대한다. 아이들은 연인처럼 열정적이고 관능적으로 부모를 포옹한다. 이것은 그만큼 상대와 떨어져 있으면 절망을 느끼고 자신의 애정의 라이벌에 대하여 질투를 느낀다는 의미이다.

이러한 열정은 실제 발견한 것이 반영된 것인지 모른다. 아기가 상호작용하는 것에는 아이와 주위 사람 간의 일종의 일체감이 내포되어 있다. 베갯머리에서 얘기하는 것처럼 분리할 수 없는 친밀감이 내포되어 있는 것이다. 아기가 아장아장 걸음을 걷고 유치원에 들어가게 되면서 점차 타인과 심리적으로 독립하고, 사람은 욕망과 정서, 생각과 믿음이 서로 다른 존재라는 것을 깨닫게 된다. 그러나 그것은 성애적 정서에 근거하고 있으며 단지 '남이라는 느낌'에 지나지 않는다. 우리는 사랑하는 사람의 소망과 생각, 심지어 사랑조차 우리와 다르다는 것을 깨닫기 시작하면서 그들의 사랑이 자신과 똑같은 방식으로 사랑하지 않는다는 것을 당연하게 생각한다.

부모의 사랑을 느끼고 있는 취학 전 유아는 심하게 무시를 당해도 별로 구애받지 않지만 그에 해당하는 치명적 지식 때문에 곤혹을 겪는다. 사랑의 일부는 얻을 수 없는 것을 구하려는 노력이다.

믿음에 관하여 아이들이 발견한 것 역시 타인과의 관계에서 비롯된 또 다른 결과이다. 당신이 남을 속이거나 남이 당신을 속이고 있다는 것을 알기 위해서는 남들이 믿는 것과 당신이 믿는 것 간에 차이가 있다는 것을 알 수 있어야 한다. 그러기 위해서는 믿음이 어떻게 작용하는지 그 방식을 이해하여야 하고, 사실이 아닌 것을 누군가가 믿도록 하기 위해서 자신이 무엇을 해야 하는지를 알고 있어야 한다. 두 살 내지 세 살 된 아이는 거짓말할 능력도 없는 거짓말쟁이이다. 아이들은 누군가에게 거짓을 믿도록 해야 한다는 것을 이해하지 못하기 때문에 엄청난 거짓말쟁이가 된다. 4세가 되면 실감나는 거짓말을 한다. 이때가 되면 속임수 사탕 상자와 같은 '거짓 믿음' 문제를 이해하기 시작한다. 이때에 아기 자신들도 속을 수 있다는 것을 이해하기 시작한다.

처음 거짓말을 배우는 일은 바람직한 기술이며, 어떤 것은 시민생활의 기본이 되기도 한다. 약 4세 내지 5세 이전까지는 우리에겐 예의라고 생각되는 필요 불가결한 거짓말조차도 이해하지 못한다. 누군가 마음에 들지 않는 선물을 보고 기뻐하거나 무릎이 까져 아파도 그렇지 않은 것처럼 하는 모습을 보면 아이들은 매우 이상하게 생각한다. 하나의 정서를 느끼면서 동시에 다른 정서를 표현할 수 있다는 생각은 아이들에게는 해당하지 않는다. 그것은 아이들은 일상생활에서 자신의 정서를 숨겨야 할 만큼의 어려움을 겪지 않았기 때문이다.

7. 기억하는 것은 사건 자체가 아니라 생각과 느낌이다

믿음을 새로운 방식으로 이해하면 새로운 방식으로 배우는 것이 가능해진다. 아이들은 과거에 이 세상에 대하여 자신들이 가졌던 생각이 변해왔고, 앞으로도 변할 것이라는 것을 잘 알지 못한다. 자신이 몰랐다는 것을 아는 이러한 재인식은 아이가 학교 공부를 하는 데 필수 조건이다. 공식적 학교 교육이 없는 문화에서도 세 살짜리 아이를 가르치는 것과 여섯 살짜리 아이를 가르치는 것은 다르다. 모든 문화와 역사를 통틀어 오직 나이 든 아이만이 형식적 교육에 가장 적합한 대상인 것처럼 보였다. 이러한 종류의 형식적 교육의 이점을 이용하기 위해서는 우리는 단지 배워서 아는 것 이상으로 더 많은 것을 배우고 아는 것이 필요하다. 우리는 지식에 관하여 알아야 하고 배운 것이 어떤 역할을 하는지도 알아야 한다. 알 필요가 있는 것이 무엇이고, 새로운 지식은 어떻게 습득하는지도 알아야 한다.

세 살짜리 아이는 과거에 자신이 믿었던 것을 잘 기억하지 못한다는 사실은 기억에 뭔가 중요한 것이 있다는 것을 우리에게 말해준다. 심리학의 난제 중 하나는 어른이 되어서 3세 이전에 있었던 일을 기억하지 못하는 유아의 기억상실증이다. 특히 놀라운 일은 2세나 3세 아이보다 더 어린 유아도 지나간 일을 아주 잘 기억한다는 사실이다. 성인의 경우 이러한 종류의 연속적인 자신에 관한 기억은 마음에 대한 생각에 따라 좌우된다. 우리에게 유독 기억이 잘 되는 것은 단지 과거에 어떤 일이 일어났다는 사실을 알기 때문이 아니라 그 일이 자신에게 일어났다는 것을 알기 때문이다. 우리가 과거를 기억할 때 일어난 사건을 다시 포착하는 것이 아니라 일어난 사건에 대하여 생각하고 느끼는 것을 다시 포착하는 것이다. 물론 그것은 생각한 것이 무엇을 의미하는지를 이해할 수 있느냐에 달려 있다. 즉, 마음이 어떻게 작용하는지를 이해하고 있느냐에 달려 있는 것이다.

3세가 되기 전에 우리 자신의 마음에 대한 생각, 심지어 자신의 마음에 대한 경험까지도 어른의 것과는 아주 다르다. 3세가 되면 과거 사건과 현재 사건을 구별한다 하더라도 과거 생각과 현재 생각 간의 차이는 이해하지 못한다. 우리는 현재와 과거의 생각이 상충될 때에는 과거의 생각을 불러올 수 없다. 이 때문에 우리는 과거에 자신에게 일어났던 일을 연속적으로 자서전처럼 이야기를 구성할 수 없는 것이다.

8. 아이들의 학습법

5세쯤 되면 아기는 성인처럼 마음을 이해한다. 우리는 지각, 정서, 욕망, 감정을 이해할 뿐만 아니라 사고나 믿음도 이해한다. 물론 우리 자신과 남을 완전히 이해한다는 것은 매우 어렵고 일생동안 다하지 못하는 일이다. 그러나 기초적인 토대는 생후 수년 안에 결정된다. 아주 어린아이, 심지어 읽기나, 이 더하기 이조차 모르는 아이도 자신과 남의 마음에 대한 심오한 진리를 학습해 왔다.

새로운 발달 연구에서는 어린아이가 사람을 이해하는 데 있어서 그 변화가 일관성이 있고 논리성이 있다는 것을 보여준다. 이러한 변화의 원인이 무엇인지에 대해서는 잘 모른다. 어린아이가 그렇게 짧은 기간에 인간의 마음에 대하여 그렇게 많이 아는 것은 가능한 일인가? 제1장에서 언급한 바와 같이 거기에는 세 가지 요인이 관련되어 있다. 즉, 아이들은 천부적으로 결정되어 있는 기초, 강력한 학습 능력, 타인에게 느낀 암시적 직관이 관련되어 있다.

가. 자폐아는 모방행동이 어렵다

자폐증은 1만 명 중에 10명 정도 걸리는 장애이다. 대부분의 자폐아는 다른 장애도 겪고 있다. 자폐아는 발달 지체가 심하지만 어떤 자폐아는 지능이 정상이다. 그러나 자폐아는 타인을 이해하는 방식에 우리와는 다른 뭔가가 있다. 12세가 된 자폐아에게 '자부심'이 무언지, 자신은 자부심을 가져본 적이 있는지를 물어보면 오랜 시간 동안 아무 말을 하지 않을 것이다. 그러다가 결국에는 미간을 찌푸리며 '안다'고 대답한다. 그리고 나서는 머뭇거리며 "자부심은 축구에서 골을 넣었을 때와 같은 것이에요? 그게 자부심이지요?"라고 묻는다. 그는 답을 맞혔지만 보통 12세 아이와는 아주 다르게 대답한 것 같다. 보통 아이들은 즉각적이고 무의식적으로 자부심에 관한 일화를 얘기한다. 어떤 유명한 자폐증에 걸린 여교수는 자신은 화성에 있는 인류학자인 것처럼 느낀다고 말한다. 그녀가 가지고 있는 타인에 대한 지식은 타인의 행위 내에 있는 규칙을 주의 깊게 관찰한 것을 한데 모아 놓은 것이다. 우리 대부분은 우리 자신의 마음과 타인의 마음을 연결하는 능력을 가지고 태어난다. 자폐증이 있는 사람들은 이것저것 긁어모아서 타인의 마음에 관한 문제를 풀어간다.

자폐증이 있는 사람들의 삶을 보면 타인의 마음을 알 수 있는 것이 얼마나 중요한가를 알 수 있다. 대부분의 아이들은 태어날 때부터 사물보다는 사람을 더 좋아한다. 자폐아는 그 반대의 경향을 자주 보인다. 이들은 블록이나 심지어는 열차 시간표 같은 것에는 몰두하면서도 사람은 피한다. 어떤 면에서는 이해가 간다. 만약 사람이 사람으로 보이지 않고 이리저리 아무렇게나 움직이는 피부로 만든 가방으로 보인다면 이 세상이 얼마나 무섭고 혼란스럽겠는가?

자폐증이 있는 사람은 대부분 정신 발달 지체가 있기 때문에 모방 연구를 할 때에는 나이가 같으면서 지능이 정상인 자폐아와 다운증후군 등의 이유로 정신지체를 보이는 아이를 비교한다. 자폐아는 얼굴 표정을 잘 모방하지 못하고 무엇을 가리키지도 못하고 가리키는 대로 따라 하지도 못한다. 자폐아는 정상아보다 훨씬 늦게까지, 심지어 다운증후군에 걸린 아이보다도 훨씬 늦게까지 앞에서 나온 속임수 사탕 상자 실험의 잘못된 가정과 같은 거짓 믿음을 이해하지 못한다. 마음을 이해하는 전체적인 전개 드라마가 없는 것이다.

그렇다고 자폐아가 자신과 남이 동일한 것으로 생각하고 있지는 않는 것 같다. 자신과 타인을 구별하는 일은 대부분의 정상 어린이에겐 일상생활의 일부이다. 1950년대의 정신분석이 유행하던 시대에 자폐아에 대하여 어떤 정신과 의사는 자폐증의 원인이 어머니가 냉담하고 아이에게 반응을 잘하지 않았기 때문이라고 서술한 적이 있다. 자폐증이 아이의 운명 때문이 아니라 어머니가 아이에게 잘못했기 때문이라는 얘기가 있지만 부모가 자녀를 대하는 방식과는 아무런 상관이 없다는 것은 분명하다. 자폐증은 아주 쉽게 시작한다. 자폐증은 아주 강한 발생적 요인이 있으며, 어떤 경우에는 출생 전의 뇌 손상에 그 원인이 있을 수도 있다. 자폐증이 뇌의 어떤 부분과 관련이 있는지를 생각해보면 자폐증의 배후에는 지각없고 포악한 자연이 있다는 것을 알게 된다.

나. 아기는 심리학자처럼 탐색한다

자폐아가 겪는 여러 가지 어려움으로 미루어볼 때 인간은 마음을 이해하는 발생적 기초가 있다는 것을 암시받는다. 이것은 마음에 관한 여러 유형의 지식은 그 발생적 기초에 근거하여 전개되어야 한다는 것을 의미한다. 어떤 자폐아는 쉽지는 않지만 이러한 것을 달성할 수도 있다.

마음을 알게 되는 과정에 대하여 우리가 말할 수 있는 것은 무엇인가? 우리가 욕망, 지각, 믿음, 미묘한 실존적 고뇌와 같은 것까지 이해할 수 있도록 해주는 것은 과연 무엇인가? 아기는 마치 심리학자가 되어 마음에 관한 것을 배우는 것 같다. 아기는 예측을 하고 실험을 하고 자신들이 본 것을 설명하고, 이미 알고 있는 지식을 바탕으로 새로운 이론을 수립한다. 이것이야말로 우리가 지금까지 마음에 관한 현상을 가장 잘 설명해주는 것이 아니겠는가? 아이는 매일 놀면서 마음에 관한 자신의 생각을 실험하고, 일상적으로 사용하는 언어 속에서 남의 이상한 행동을 설명하려고 애를 쓴다.

아기가 타인에 대하여 학습하는 방법은 과학자가 세계에 대하여 학습하는 방법과 똑같다. 처음에 아기는 자신의 이론과 상충되는 반박 증거를 무시한다. 자기 주장을 굽히지 않다가 반박 증거가 많이 드러나면 결국 더 우기지 않고 이전의 자신의 이론을 새로운 이론으로 교체한다. 새로운 이론으로 반박 증거를 대기도 하고, 동시에 많은

다른 현상도 이해하고 장래 어떤 일이 일어날 것인지 예측도 할 수
있게 된다.

다. 형제자매가 아기에게 더 큰 영향을 준다

사람은 자신의 존재 그 자체만으로도 자신과 타인을 이해하는 데
필요한 정보를 많이 제공받는다. 아기의 형이나 누나는 아기가 인간
의 마음을 이해하는 데 중요한 역할을 한다는 근거가 바로 여기에 있
다. 일반적으로 형이 어린 동생보다 지능 검사 점수는 더 높지만 어린
동생은 형보다 사람의 마음을 이해하는 검사 점수는 더 높다. 나이가
들었을 때보다 어렸을 때 속임 상자 문제를 더 잘 이해하며 형제자매
가 많은 아이일수록 더 그러하다.

부모는 자식의 삶에서 자신이 결정적 요소인 것처럼 생각하는 경
향이 있다. 그러나 2세 아이는 형이나 누나가 실제로 훨씬 더 많은 영
향을 준다. 아기가 젖을 떼고 나면 형이나 누나가 동생을 돌보는 문
화권이 많다. 미국에서도 2세 여아는 4세 된 오빠의 행동을 잘 따라
한다. 오빠의 말소리의 높낮이까지 따라 한다.

나이든 형제가 동생에게 사람의 마음에 대하여 어떻게 가르치는지
는 아직 잘 모른다. 그러나 두 가지의 가능성은 있다. 하나는 아기는
자신의 마음과 타인의 마음은 비슷하다고 생각한다는 것이다. 자신과
타인이 유사하다고 가정하는 것은 사람의 마음을 이해하는 것의 일
부이다. 부모는 자신의 마음과 자녀의 마음 사이의 간격을 좁히려 하
는 경향이 있다. 서로 다른 것보다는 공통적이고 이해할 수 있는 것을
찾으려고 한다. 그래서 아기 엄마는 먼저 유사성에 대하여 가르친다.

나머지 하나는 아기의 형제가 보충 역할을 해준다는 것이다. 아기 형제는 자신이 원하는 것과 동생이 원하는 것이 다르다는 것을 강조하면서 자신의 우월한 수준의 지식과 동생의 보잘것없는 수준의 무지를 비교한다. 아기는 자신의 형제를 이해하고 형제의 행동을 예측하여 맞추려는 동기가 있다. 나폴레옹은 주인이 시종에 대하여 알고 있는 것보다 시종이 주인에 대하여 알고 있는 것이 더 많다고 말한 적이 있는데, 이것이 어린 형제자매에게 적용될지도 모른다. 아기가 우리가 바라는 대로 행동하도록 하기 위해서는 책략과 음모, 전문성이 많이 필요하다. 아기의 형제는 일반적으로 성인이 사용하는 특수한 생존 전략을 사용하는지도 모른다.

아기는 우리에게 신비감과 경외감은 줄여주기보다는 오히려 늘려준다. 아기가 무척 빠르게 학습하고 많이 학습한다는 사실은 여전히 신비하고 경이롭다. 우리는 종종 자연은 무심하고 잔인하다고 하지만 감사해야 할 것도 많다. 진화 덕택에 대부분의 아기는 남과 친밀할 수 있고, 호기심을 느낄 수 있는 친족을 많이 가질 수 있는 기본 능력을 가지고 태어난다.

제3장

아기의 사물 학습

우리는 공간에서 규칙적으로 움직이는 3차원의 세계 속에서 살고 있는 것 같다. 사물은 우리가 보고 있지 않더라도 계속 존재하고 있다. 여기에는 사람, 동물, 식물 등이 있고 단순한 물체도 있다. 서로 비슷한 것도 있고 아주 다른 것도 있다. 그러나 이러한 평범하면서도 일상적으로 경험하는 것은 어쩌면 우리 몸의 말단에서 일어나는 미세한 현상에 지나지 않는다. 모두 망막에 부딪치는 광자나 고막을 진동시키는 분자, 손끝에 전해지는 떨림과 같은 것을 기초로 하고 있다.

    우리는 풍부하게 경험하는 일상적인 현상과 보잘것없는 감각 정보 간의 확연한 차이를 어떻게 메우는 것일까? 인간은 사물을 지각하고 이해하는 능력이 있다. 이것 때문에 인간은 모든 것을 할 수 있다. 아이들이 마술쇼를 본다고 가정하고 여기에서 일어나는 현상을 생각해 보자. 마술사는 아이들의 믿음을 뒤집어 놓는 연출을 한다. 그러나 아이들은 마술사가 쓰는 상투적 수단에 대해서는 의심하지 않고 일어나는 현상에만 관심을 갖는다. 아이들이 속으로 느끼는 충격과 놀라움에는 이러한 믿음이 반영되어 있다. 마술사들은 공간을 거치지 않고 한 지점에서 다른 지점으로 사물을 이동시킨다. 상자에 있던 흰 토끼가 모자에서 나타나기도 한다. 마술사들은 하나로 보이는 물체를 둘로 만들기도 한다. 하나의 고리가 우리가 지켜보는 가운데 두 개로 되고, 멀리 있는 물체에도 영향을 준다. 마술 지팡이를 흔들면 무대 다른 쪽 상자가 앞뒤로 움직인다. 어떤 물체를 다른 형태의 물체로도 변형시킨다. 물이 오렌지주스가 되기도 한다. 무생물이 생물로, 실크 스카프가 비둘기가 되기도 한다.

마술사는 왜 그렇게 놀랍고도 흥미로운 사람이라고 생각하는 것일까? 우리는 왜 토끼가 상자 안에서 사라지지 않으며 모자 속에서 다시 나타나지 않는다고 확신하는 것일까? 그것은 사물은 결코 사라지지 않고 두 물체로도 될 수 없으며, 마술 지팡이에 의해 영향을 받을 수도 없다고 믿기 때문이다. 사실 '자신의 눈을 믿을 수 없다'고 말할 만큼 우리는 너무 확신한다. 오히려 마술쇼 때문에 우리는 당연하게 여기는 일상적인 물리적 원칙을 깨닫게 된다. 그 믿음이 너무 깊이 박혀 있고 우리에게 너무 중요한 것이기에 실제 우리 눈에 보이는 어떤 것도 이러한 믿음을 초월하지 못한다. 우리는 토끼가 모자 속에서 나올 수 없다는 것을 안다.

아무도 마술사의 속임수는 불가능한 것이라고 말해주지 않는다. 어느 누구도 토끼가 모자 안에 있을 수 없다고 말하지 않는다. 그러나 우리는 이러한 원리를 직접 경험하거나 광양자의 충격이나 음파를 통해서 아는 것이 아니다. 우리는 감각기관의 작용에 대하여 많은 것을 알고 있고, 감각 정보가 인간에 이르는 길이 얼마나 복잡한지를 알고 있다.

아리스토텔레스는 물질의 진정한 본질은 눈을 통해 마음으로 전달되며 그것이 우리가 세상을 보는 방식이라고 생각했다. 이러한 생각은 우리가 책을 볼 때마다 마치 책의 아주 작은 조각을 흡입하는 것과 같다. 시각은 사물에서 발산된 빛이 우리 눈으로 투영된 결과이다. 많은 과학자들이 광학, 빛, 시각 분야의 학문을 발전시켰지만, 광학 현상을 통해서 어떻게 우리가 알고 있는 사물로 인식되는지에 대해서는 알지 못하였다. 망막으로 투입된 사물의 빛이 어떻게 공중으로 사라지지 않고 3차원의 사물로 인식되는 것인가?

이 질문에 대해서 오늘날에는 인간은 감각 정보를 사물 표상으로 바꾸어주는 특수한 지식을 가지고 있기 때문이라고 풀이한다. 뇌는 감각 정보나 망막이나 귀청에 도달한 특수한 형태의 자극을 받아서 체계적으로 변환시킨다. 우리가 타이핑할 때 어휘를 재배열하고 변환시킬 수 있는 어휘정보처리 방식처럼 재배열하고 변환시킨다. 그 과정의 결과로 나타난 것이 바로 조리가 있고 복잡한 우리의 믿음의 체계인 것이다. 마술사는 바로 이 믿음 체계에 도전하는 것이다.

감각 정보가 최종적으로 변환하고 재배열한 표상 때문에 우리는 바깥세상을 알게 된다. 원 감각 정보로 인해 생긴 모습보다는 더욱 실제 세계와 가까운 모습이 뇌에 남게 되는 것이다. 사실 이 세계는 공간상에서 규칙적으로 움직이는 물체로 구성되어 있고 인간이 이것을 결국 이해하게 된다는 것은 진화를 보면 알 수 있다.

생존하기 위하여 타인의 본심을 추리하는 것이 중요한 것처럼 물리적 세계의 본성을 추리하는 것도 중요하다. 어떤 사람이 자신에게 성적 흥미를 가지고 있는지를 판단하는 것은 생식적으로 성공할 수 있도록 하는 데에 필요하더라도, 숲 속을 지나 그 사람이 살고 있는 집으로 어떻게 가는지에 대하여 그 사람의 말을 알아듣지 못한다면 아무런 소용이 없다. 또한 그 사람의 이웃들이 자신에게 돌을 던질 것 같다고 생각하면 돌을 어떻게 피하여야 하는지를 아는 것도 중요하다.

우리는 우리 자신을 둘러싸고 있는 책상, 의자, 옷, 책장 등으로부터 오는 무질서한 빛, 소리, 냄새 등을 해독할 줄 안다. 이러한 지식은 어디서 오는 것일까? 여러 대답이 있을 수 있지만 그것은 타인의 마음을 아는 것과 이치가 유사하다. 인간은 태어날 때 이미 많은 것을 알고 있지만 이후에 훨씬 더 많은 것을 배운다. 타인도 무의식적으로 우리에게 무언가를 가르쳐준다. 어떤 지식은 태어날 때부터 가지고 있다. 신생아도 3차원의 세계에 살며 구부러져 보이는 것은 구부러진 것으로 느낄 수 있다.

어떤 지식은 오직 점진적으로 나타난다. 예를 들면, 아기는 초기에는 물체가 다른 것에 어떻게 가려지는지 모른다. 아기는 당연히 알아야 될 사람에 대하여 배우듯이 간단한 물리적 대상에 대해서도 놀라울 만큼 많은 것을 배운다. 사물에 대한 몇몇 종류의 정보는 알게 모르게 성인에 의하여 전달된다. 이처럼 부지불식간에 아기에게 사물을 가르치며, 말을 통해서도 가르치기도 한다.

1. 신생아도 알고 있는 것이 있다

가. 줄무늬를 좋아한다

신생아실에 있는 아기를 보자. 새로 태어난 아기는 이미 다른 사람과 깊은 관계를 맺고 있지만 이것이 아기 세계에서 진행되는 것의 전부는 아니다. 무엇보다 사람의 목소리와 얼굴을 좋아하지만 줄무늬와 가장자리를 특히 좋아한다. 태어난 지 며칠 안 된 아기들은 할머니가 사준 밝은 색의 비싼 인형에는 관심이 없어도 천장 구석이나 줄무늬 쇼핑백에는 관심이 있다. 아기들에게 서로 다른 종류의 그림을 보여주면 아기들이 어느 그림을 보는지를 알 수 있다. 아기들은 대비가 뚜렷하고 복잡한 형태에는 주목하지만 뚜렷하지 않거나 단순한 형태에는 관심을 보이지 않는다. 체스판이나 과녁판 중앙부는 신생아에게는 미적 감각의 최고점에 놓여 있다. 아기 인형을 제작하는 회사는 이러한 연구 결과를 이용한다. 아기의 모빌에 그려진 무늬는 발달심리학술지에서 가져온 것이다.

왜 아기는 줄무늬를 좋아할까? 이 문제를 밝히는 것은 장난감 제작자만큼이나 인지과학자에게도 중요하다. 왜냐하면 그것은 또 다른 의문의 대답에 도움이 되기 때문이다. 서로 붙어 있는 사물의 상을 볼 때 각 사물 간을 어떻게 분리시켜 인식하는가? 테이블 위에 사과가 놓여 있으면 사과와 테이블보의 경계를 어떻게 인식하게 되는가?

사실 단순한 능력처럼 보이지만 가장 정교한 컴퓨터 시각 체계에서도 이러한 것을 하기가 어렵다. 밝기와 표면이 선명하게 대조를 이루는 줄무늬 같은 모양은 물체가 어디에서 시작하고 끝이 나는지를 분명하게 가리켜준다. 두 개의 사물이 겹쳐져 있으면 사물의 가장자리가 가장 대조가 뚜렷하다. 위장한다는 것은 바로 사물과 배경 간의 경계를 모호하게 하는 것이다.

만약 아기에게 복잡한 그림을 보여주고 그것을 보는 눈의 변화를 살펴보면, 아이가 사물의 가장자리를 따라 본다는 것을 알 수 있다. 아기는 이미 질서의 영향을 받는 것이다. 아기들은 이미 이 세계를 서로 다른 물체로 조직하고 있는 것이다. 가장자리에 집중하는 것은 정지해 있는 사물을 분리하는 가장 좋은 방식이다.

나. 움직이는 물체에서 세계 질서를 배운다

아기는 끊임없이 세계를 주시하고 탐색한다. 갓 태어난 아이도 눈으로 움직이는 물체를 추적한다. 사물이 움직이면 그것이 어디서 시작되고 끝나는지 추적한다. 사물은 정지해 있을 때보다 움직일 때 더 좋은 단서를 제공해준다. 아기가 토끼 무늬가 있는 이불 위에 놓여 있는 큰 새 인형을 보고 있다고 가정하자. 인형은 많은 부분으로 이루어져 있고 각 부분에는 각각의 가장자리가 있다. 머리는 시각적으로도 몸과 분리되어 있고 발과도 분리되어 있다. 마찬가지로 이불 위의 토끼모양의 수에도 각각 독립된 가장자리가 있다. 그런데 만약 이불 위에 인형을 올려놓고 이불을 당기면 이불의 가장자리와 인형의 가장자리는 같이 움직이게 된다. 심리학자들은 이것을 공동 운명의 법칙이라고 부르는데, 사물이 같은 방향으로 함께 움직이면 각 사물은 동일한 사물로 인식되는 것이다.

아기도 이러한 종류의 정보에 집중한다는 것을 알 수 있다. 아주 어린 아기에게 여러 부분으로 나누어진 움직이지 않는 큰 새 인형을 비디오로 보여주고 각 부분을 분리하여 보여주어도 아기들은 혼란스러워하지 않는다. 왜냐하면 인형의 각 부분은 어쨌든 가장자리가 있고 무엇보다도 각각이 분리되어 있기 때문이다.

그러나 만약 처음부터 움직이는 큰 새 인형을 보여주고 나서 아기에게 인형의 각 부분을 분리해서 보여준다면 아기는 마치 뭔가 잘못

되었다는 듯이 그것을 더 오래 주의 깊게 본다. 각 부분이 함께 움직이는 걸 보면, 각 부분은 한 덩어리이며 영원히 함께 존재한다고 생각한다. 이러한 식으로 아기는 혼란스러운 세상에 질서를 부여할 수 있는 몇 가지 원칙을 갖게 된다.

움직임 역시 아기들에게 중요한 현상이다. 아주 어린 아기도 물체가 어떤 특징을 가지고 움직이는지에 대해 놀랄 정도로 많이 알고 있다. 자신 앞에서 움직이는 물체를 따라 할 수 있고 그것이 어디로 움직일지도 예측할 수 있다. 아기들에게 일정한 궤도를 도는 물체, 이를테면 바닥에서 구르는 공을 보여준 다음 그 공을 커튼 뒤로 숨겨 보자. 만약 공이 일정한 장소에서 일정한 속도로 움직이면 아기들은 장막의 가장자리에서 물체가 나타날 곳을 응시할 것이다. 만약 공이 나타나면 아기는 혼란 없이 공을 계속 추적할 것이다. 그러나 공이 그곳에 나타나지 않거나 다른 곳, 또는 너무 빨리, 아니면 너무 늦게 나타나면 아기들은 장막의 가장자리를 훨씬 더 오래 응시한다.

사실 간혹 아이들은 뒤로 돌아가 장막의 다른 가장자리를 보거나 공이 구른 곳보다 더 먼 곳을 보기도 한다. 아기는 공이 어디에서 나타나야 하고 언제 거기에 있어야 하는지를 아는 것이다.

다. 아기는 감각 정보를 연결할 줄 안다

아기는 모든 물체에는 가장자리가 있고 움직인다는 것을 안다. 그리고 또 하나 알아야 하는 것은 3차원이다. 고전적 철학에서 논란 중의 하나는 인간은 망막에 비춰지는 2차원의 평면 이미지를 어떻게 3차원의 세계로 바꾸는가 하는 것이었다. 영국 철학자 비숍 버클리는 인간은 시각적 경험과 움직이는 것에 대한 촉각 경험을 협응시켜 공간이 3차원이라는 것을 안다고 했다. 그는 촉감은 거리와 단단함에 대한 직접적 정보를 주는 감각에 지나지 않는다고 생각했다. 이 정보가 시각에서 얻는 2차원의 정보와 결합된다는 것이다. 그러나 아기 연구 결과를 보면 버클리의 주장이 틀렸다는 것을 보여주고 있다.

한 가지 예를 들면 아직 걷지도 기지도 못하는 아기도 자신들이 거리를 이해하고 있다는 것을 보여준다. 만약 당신이 아기에게 눈앞에 불쑥 공을 내밀어 보여주면 아기는 뒤로 물러서거나 자신을 보호하듯이 손으로 앞을 가린다. 또한 아기에게 손에 닿을 만한 거리에 재미있는 장난감을 보여주면 서툴지만 팔을 뻗어 잡으려고 한다. 좀 더 나이가 들면 손이 닿는 거리라면 손을 뻗치고 손이 닿지 않는 거리이면 뻗치지 않는다. 매우 어린 아기도 소위 크기 항상성 개념이 형성되어 있다. 당신에게 공 한 개를 보여주고 나서 두 배 떨어진 거리에서 그 공을 보여준다고 가정해보자. 망막에 새겨진 공의 크기가 반으로 작아지더라도 똑같은 공이라고 생각한다. 두 배나 더 먼 거리에서 두 배나 더 큰 공을 보여주면 그것은 새로운 공이라고 생각하여 주목한다. 그것은 물체는 멀리서 더 작게 보인다는 것을 자신도 모르게 생각했기 때문이다.

영국 철학자 존 로크는 하나의 고전적 인식론의 문제를 제시한 적이 있다. 태어날 때부터 시각장애자인 사람이 기적적으로 시력을 다시 찾으면 어떻게 될까? 그가 촉각을 통해 너무나 친숙하게 알았던 모든 물체를 다시 인식할 수 있을까? 매끈매끈하면서 딱딱한 곡면은 도자기 찻잔과 같다는 것을 고통스럽게 배워야 하는 걸까? 익숙하면서 부드럽고, 냄새가 나며, 비단 같은 머리카락이 시각적으로 아내로 바뀐다는 것을 배워야 할까? 로크는 장님은 두 가지 경험 사이를 연결하는 걸 배워야 한다고 생각했다.

아기는 갑자기 시력을 회복한 시각장애인보다 더 기적을 일으킨다. 아기를 통해 로크가 가졌던 의문은 해결할 수 있었다. 아기 연구를 보면 버클리도 로크도 틀렸다는 것을 보여준다. 연구자는 한 달 된 아기 몇 명에게 울퉁불퉁한 젖꼭지와 매끄러운 젖꼭지 중에서 어느 하나를 보여주고 빨도록 하였다. 그런 다음 울퉁불퉁한 젖꼭지와 매끄러운 젖꼭지를 보여주기만 했다. 그러자 아기는 자기가 빨았던 젖꼭지와 같은 모양의 물체를 더 오래 바라보았다. 아기들은 입에서 느낀 젖꼭지의 느낌과 눈으로 본 영상을 관련지을 수 있었던 것이다. 보는 시감각과 빠는 촉감각의 두 감각 경험을 하지 않고 한쪽의 경험만으로도 사물을 변별할 수 있게 된 것이다.

당신은 소리와 영상 사이의 관계에 대해서도 같은 질문을 할 수 있다. 신생아도 고개를 돌려 흥미 있는 소리가 나는 쪽으로 고개를 돌린다. 이것은 아기는 이미 소리가 나는 쪽에 있는 무언가를 보고 싶어 한다는 것을 암시한다. 이것을 확인하기 위하여 더 체계적인 실험을 할 수도 있다. 예를 들면 아기들에게 각각 다른 시각에 튀어 오르는 두 물체를 보여주고 이 중에서 한 개의 물체에만 동시에 붕붕 소리가 나는 오디오 테이프를 틀어주었다. 그랬더니 아기는 어느 것이 소리를 내는 공인지 알았고, 소리가 나는 공을 더 오래 보았다. 어떤 실험자는 아기들에게 '아' 또는 '에'라고 말하는 얼굴 표정을 소리 없이 비디오로만 보여주고 나서 각각의 모음 소리가 나는 오디오 테이프를 들려주었다. 놀랍게도 5개월 된 아기는 어떤 얼굴이 어떤 소리에 해당하는지를 구분하였다. 아기들은 '아' 소리를 들을 때 입을 벌리는 얼굴을 바라보았고, '에' 소리를 들을 때에 입술을 옆으로 당기는 얼굴을 바라보았다. 아기들은 적어도 몇 가지 모음에 대해서는 말할 때 입술 모양을 읽을 수 있는 능력이 분명히 있다고 본다.

이처럼 태어난 지 몇 달 만에 아기는 이미 많은 철학적 수수께끼를 풀 수 있다. 아기는 가장자리와 움직이는 모양을 통해서 이 세상을 여러 물체로 어떻게 분리하는지 알고, 물체가 움직이는 특징이 무엇인지 알며, 물체는 3차원 공간의 일부라는 것도 알고, 서로 다른 감각에서 오는 정보 간의 관계도 알고, 젖꼭지와 젖꼭지의 돌출 부분을 연결시킬 줄 알고, 목소리와 움직이는 입술, 튀는 공과 붕붕 나는 소리를 연결할 줄 안다.

라. 아기는 사물이 사라져도 존재한다는 것을 안다

고전적 인식론적 의문 중의 하나는 물체가 눈에 보이지 않아도 그것이 존재한다는 것을 어떻게 아느냐 하는 것이었다. 우리는 책을 읽을 때 책이 눈을 가려 방의 상당 부분은 보이지 않는다. 그러나 이때에 보지 않아도 방이 여러 물건으로 꽉 차 있다는 것을 의심하지 않는다. 우리가 보지 않을 때에도 나무가 여전히 그 자리에 있다는 사실을 우리는 어떻게 알게 되는 것일까?

앞에서 아기는 시야에서 한 번 사라졌더라도 그 물체가 다시 나타날 곳을 예측할 수 있다고 언급한 적이 있다. 예를 들면, 아기들에게 공을 굴려 커튼 밑으로 공이 사라지도록 하여도 곧바로 커튼 밑에서 공이 다시 나타날 것이라고 예측한다. 이러한 일은 아기들이 사물을 실제로 볼 수 없을 때조차도 사물에 대해 생각할 수 있기 때문에 가능하다. 이러한 능력 여부를 확인해볼 수 있는 또 하나의 방법은 마술로써 아기를 속이는 것이다. 아기에게 공이 커튼 뒤로 사라지는 것을 보여주고 난 뒤에 그 사물이 다시 나타나지 않게 하거나 혹은 뜻밖의 장소에서 나타나도록 보여줘 보자. 생후 6개월 된 아기들은 물체가 다시 나타나는 장면보다는 나타나지 않거나 뜻밖의 장소에서 나타나는 장면을 더 오랫동안 본다.

그렇지만 환경이 달라지면 사라지는 물체에 어떤 일이 일어나는지는 거의 모른다. 6개월 된 아기에게 시계나 열쇠꾸러미 같은 신기하고 매혹적인 물건을 보여주면, 아기는 흥미를 느끼고 그것을 잡으려고 한다. 이때 수건으로 열쇠를 덮어보자. 그러면 아기는 곧 잡으려는 행동을 멈추고 기쁨에 가득 찬 환희는 당황함으로 바뀐다. 수건을 치워 열쇠가 다시 나타나면 다시 환희의 모습을 되찾는다.

피아제는 아기를 당황하게 만드는 방법을 최초로 사용한 사람이다. 그는 아기가 열쇠를 그렇게 갖고 싶으면 왜 수건을 치우고 열쇠를 찾지 않는지에 대하여 생각하였다. 이것은 아마도 아기는 감각 정보를 잘 통합하지 못하기 때문인 것으로 생각된다. 만약 투명한 덮개로 열쇠를 가려보면 이것을 확인할 수 있는데, 이때 아기는 덮개를 치워버리고 열쇠를 집는다. 수건으로 덮으면 아기는 열쇠가 거기에 있다는 것을 기억하지 못할지도 모른다. 그러나 이 나이에 해당하는 아기는 다른 사건은 며칠 또는 몇 주 동안 기억한다는 것을 보여준다. 아기는 정말로 수건 밑에 열쇠가 없다고 생각하는 것 같다. 이러한 아기에게 수건 밑에서 열쇠가 다시 나타나는 것은 마술사의 모자에서 토끼가 나타나는 것과 같이 신비스러운 요술이다.

아기들은 숨겨진 물체들에 대해서는 점진적으로 알게 된다. 9개월 정도가 되면 쉽게 천 밑에서 열쇠를 찾을 수 있다. 그러나 보다 복잡하게 숨겨 놓으면 이해하지 못한다. 15개월 된 아기에게 열쇠를 손에 올려놓은 것을 보여주고 나서 조심스럽게 감싼 다음 손을 보자기 밑에 넣어 열쇠를 놓아두고 손을 빼서 아기에게 손에 아무것도 없다는 것을 보여주면 수건으로 열쇠를 덮었을 때 열쇠를 찾아내었던 아기는 어리둥절해한다. 아기는 빈손을 이리저리 뒤집어가며, 마치 열쇠가 손 어딘가에 있는 것처럼 손을 유심히 들여다본다. 아기는 바닥을 보기도 하고, 어깨를 으쓱거리며 빈 손바닥 동작을 하며 '어디 있지? 사라졌네'라고 말하기도 한다. 아기는 열쇠가 당신 손에 없다면 어디에 있을 수 있는지, 어디로 없어졌는지를 모르는 것이다. 이것은 '안 보면 마음에도 없다'는 속담처럼 간단치 않다. 아기들도 물체가 시야에서 사라지더라도 마음속에는 그 물체의 어떠한 측면이 파지되어 있다.

그런데 물체가 사라졌을 때 무슨 일이 일어나는지에 대한 생각은 아기와 성인은 판이하게 다르다. 이것은 아기가 살고 있는 세상은 우리가 살고 있는 세상과 판이하게 다르다는 것을 의미한다. 우리는 열쇠를 어떻게 두든 분명히 천 밑에 분명히 있어야 한다고 생각한다. 딴 곳에 있을 리 만무하다고 생각한다. 그러나 아기는 이것이 분명치 않다. 아기는 이러한 사건을 알기까지 상당한 시련을 겪어야 한다. 아기들은 끊임없이 계속되는 마술쇼를 보는 것 같은 세상에서 사는 것이다. 그들에겐 이 세상의 사물이 이곳에서 저곳으로 까닭 없이 움직이는 것처럼 보인다. 모든 것이 도대체 어떻게 돌아가는지를 이해하는 일은 아기에겐 가장 중요하면서도 어려운 지적 도전인 것이다.

2. 아기도 원인과 결과를 추론할 수 있다

18세기의 위대한 철학자 중 한 사람인 흄은 고전적 철학적 수수께끼를 제시한다. 연이어 일어나는 사건을 볼 때 우리는 첫 번째 사건이 두 번째 사건의 원인이라고 결론내리기 쉽다. 만약 당신이 저녁먹고 나서 매번 카푸치노 커피를 마신다면 당신은 스스로 자신이 새벽 3시에 깨어나게 될지도 모른다고 걱정할 것이다. 그렇게 되면 그것이 커피 때문이라고 생각하게 된다. 우리는 늘 이러한 식으로 원인과 결과를 유추한다. 이런 식의 추론은 우리의 실제 행동에 절대적영향을 준다. 만약 당신이 선(禪)과 같이 평온한 것을 더 좋아하면 커피를 녹차로 바꿀 것이다. 그러나 흄이 지적한 대로 사람의 마음은 각각 다르고, 공간은 3차원이며, 소리와 빛이 연결된다고 생각하는 이유가 본래 없는 것처럼 한 사건이 다른 사건의 원인이 된다고 생각하는 이유도 본래 없는 것이다. 우리는 실제 한 사건이 다른 사건의 원인이라는 것을 보지 못한다. 우리가 보는 것은 한 사건 뒤에 또 다른 사건이 연이어 일어났다는 것만 본다. 우리는 왜 하나의 사건이 다른 사건의 원인이라고 결론을 내리는가?

아주 어린 아기조차 사건 간의 원인에 대한 몇 가지 가설을 세우는 것으로 판명되었다. 생후 석 달 된 유아도 이미 어떤 유형의 원인과 결과는 추론할 수 있다. 그리고 자신의 행위가 사건에 영향을 줄 수 있다는 것을 안다. 우리의 행위의 원인으로 작용하는 현상은 인과관계의 원초적 형태이다. 아마도 이것이 인간은 누구나 자유 의지를 가지고 있다는 것을 확신하는 이유일 것이다. 이것은 우리 스스로 행동을 결정하는 가장 기본적인 형태의 원인인 것으로 보인다. 이 때문에 우리 자신이 진정한 원동력이라고 생각한다.

우리는 아기에게 인위적으로 원인을 파악하는 능력을 갖도록 할 수 있다. 아기의 한쪽 발에 리본을 묶고 리본 끝에 모빌을 달아보자. 아기들이 발을 차면 모빌이 움직인다. 이렇게 하면 아주 어린 아기도 모빌을 움직이기 위하여 리본 묶은 발을 차야 한다는 것을 알게 된다. 이러한 경험을 하고 난 뒤 일주일 후에 그 모빌을 아기에게 매어 주면 아기는 곧바로 발을 차기 시작할 것이다. 그러나 아기에게 당초와는 다른 리본을 보여 주면 발길질을 하지 않을 것이다. 아기는 자신의 행동이 자신을 둘러싼 세계에 어떤 영향을 주는지 가설을 수립한다. 이러한 가설을 통해서 아기들은 이 세상이 어떻게 돌아가는지에 대하여 배운다. 그러나 인과관계에 대하여 아기가 수립한 가설에는 좀 이상한 면이 있다. 앞에서 모빌을 리본에 연결시키지 않고, 아기에게 보여주어도 생후 3개월 된 아기는 마치 자신이 혼자서 재주를 부릴 것처럼 계속 발길질을 한다. 더욱이 아기는 발로 차기도 하지만 미소를 짓거나 끙끙거리기도 한다. 이처럼 아기는 하나의 행위가 다른 행위를 유발할 수 있다는 것을 이해한다. 그렇지만 이렇게 알기까지에는 물리적 매개 과정이 필요하다는 것을 이해하지 못한다. 예를 들면 사물을 움직이려면 그 사물과 직접 접촉하여야 한다는 것을 이해하지 못한다.

피아제는 리본이 발에 묶여 있지 않았을 때에도 발길질을 하는 것 같은 행위를 마술적 절차라고 불렀다. 아기는 일종의 미신적 특성을 가지고 있으면서도 합리적인 경험을 하려고 한다. 아기는 두 가지 서로 다른 종류의 원인과 결과를 추론하는 과정을 함께 가지고 있을지 모른다. 즉, 발로 참으로써 사물에 영향을 줄 수 있다는 것과 미소를 지음으로써 남에게 영향을 줄 수 있다는 추론을 할지도 모른다.

발달심리학자들은 타인과의 상호작용을 포함해서 모든 작용은 몇 가지 유형의 물리적 원인에 의하여 매개된다고 생각한다. 사실 눈으로 볼 수는 없지만 사람 간에는 빛과 소리의 파장이 오가는 것이다. 일상적으로 우리는 남에게 물리적 접촉을 전혀 하지 않고도 영향을 줄 수 있다. 사람들과 의사소통을 하거나 대화를 나누거나 몸짓을 하거나, 얼굴표정을 지음으로써 서로 심리적 영향을 준다. 신체적 접촉이 필요 없다. 불법이 아니라 하더라도 오히려 타인에게 물리적 조작을 하여 자신이 원하는 것을 얻으려고 하면 보통 역효과를 낳는다. 이러한 심리적 인과성은 우리에게 종종 가장 강력한 도구이다.

심리적 인과성은 특히 아기에겐 중요하다. 그것은 아기는 성인만큼 사물을 많이 다루지 못할 뿐 아니라 자신들의 욕구를 대부분 충족시켜 줄 사람을 곁에 두어야 하기 때문이다. 아기가 처음 외계에 영향을 주려고 할 때에는 심리적 인과성과 물리적 인과성을 구분하지 못하기 때문에 아기의 행동에는 마술적이고 비합리적 특성이 많이 나타날 수도 있다.

아기는 물리적 세계에 영향을 주기 위하여 심리적 수단을 사용하는 실수를 한다. 아기는 어머니와 신체적으로는 떨어져 있지만 미소를 짓거나 옹알이를 함으로써 어머니와 상호작용할 수 있다. 이뿐만 아니라 모빌에도 옹알이를 하여 영향을 줄 수 있다고 생각할지도 모른다.

사실 성인의 생활에서 마술적이고 비합리적이라고 생각하는 것 중에는 실제로 물리적 인과성과 심리적 인과성 사이의 혼란을 보여주는 것이 많다. 무당과 마법사들은 세상에서 일어나는 사건에 영향을 주기 위하여 특별한 말을 하거나, 특별한 방식으로 손을 흔들거나, 특별한 의상에 관심을 갖는다. 이러한 행동 역시 이상하고 비합리적이라고 생각하면서도 우리는 타인에게 어떤 영향을 주고 싶을 때 이와 유사한 행동을 한다. 어떤 여성이 자신을 배신한 남자에게 반드시 지옥에 떨어지고, 천벌을 받을 것이라고 말할 수 있다. 이런 유형의 '신비스러운 절차'는 성인이든 아기이든 사실 별로 효과가 없지만, 이것을 믿는 것은 비합리적이라기보다는 실수라고 봐야 한다. 이러한 행동을 하게 되는 것은 심리적인 인과성이 끝나고 물리적 인과성이 시작되는 지점에서 혼란이 일어나기 때문이다.

아기가 한 살쯤 되면 원인을 이해하는 데 중요한 변화가 일어난다. 아기는 심리적 인과성과 물리적 인과성 간의 차이를 알고 있는 것 같으며, 물리적 원인이 어떻게 작용하는지에 대하여 좀 더 많이 알게 된다. 또한 사건이나 사물이 서로 어떻게 영향을 주는지에 대해서도 뭔가 알고 있다. 이보다 더 어린 아기는 이 세상에 영향을 주는 행동을 배울 수 있게 된다. 예를 들면 장난감을 올려놓은 보자기를 자기 쪽으로 당길 줄 안다. 그러나 아기에게 보자기 옆에 장난감을 두는 것과 같은 새롭거나 약간 다른 상황을 제시하면 아기가 이해하는 것에 이상한 점이나 한계가 있다는 것이 분명히 드러난다.

아기가 리본이 발에 묶여 있지 않을 때에도 발을 계속 차는 것처럼 보자기를 힘차게 당겨보지만 아무런 일도 일어나지 않는 것을 보고 놀라게 된다. 그러나 1세가 되면 더 이상 이러한 실수는 하지 않는다. 보자기 위에 사물이 있어야 한다는 것을 곧바로 안다. 그래서 물건이 보자기 위에 있지 않고 옆에 있으면 당기지 않는다. 물리적 인과성을 더 잘 이해한다는 것은 아기의 행동의 신비성이 줄어들고 대신 효과성이 올라간다는 것을 의미한다. 이렇게 되면 아기는 계획적으로 사물을 도구로 이용할 수 있게 된다.

아기가 18개월이 되면 사물이 서로 어떻게 영향을 미치는지에 대하여 훨씬 더 복잡한 것까지 이해한다. 아기 손이 닿지 않는 곳에 장난감을 보여주고 나서 장난감을 당길 수 있는 갈고리를 주었더니, 18개월이 안 된 아기는 장난감을 잡으려고 손을 뻗거나 마구잡이로 갈고리를 내휘두르지만, 18개월이 된 아기의 행동은 다르다. 두어 번 쓸데없이 사물을 잡으려고 손을 뻗기도 하고, 약간 울분과 애원 섞인 표정으로 엄마를 바라보기도 하다가, 갈고리를 보고는 갑자기 함박웃음을 짓고 갈고리로 장난감을 낚아 당겨간다. 당신은 이때 아기 머릿속에서 번뜩이는 전구를 볼 수 있을 것이다. 이 나이에 해당하는 아기는 말썽을 잘 피운다. 그래서 온갖 도구를 사용하여 선반에 올려놓은 물건을 꺼내 놓기도 한다. 이것은 자연히 심술을 부려 아기에게 어려움을 효과적으로 다룰 수 있는 고도의 능력을 주어 해악을 저지르게 하는 것 같다. 마치 10대에게 운전면허증을 준 것과 같다.

아기가 약 한 살이 되면 사물이 서로 어떻게 영향을 주는지에 대하여 생각하게 되는 또 다른 이유가 있다. 아기에게 인과성의 예를 보여줄 수 있다. 아기에게 장난감 자동차를 굴려서 다른 장난감 자동차와 충돌시켜 멈추도록 하였다. 그러고 나서 순서는 거의 같게 하되 조금만 변형하여 첫 번째 차 쪽으로 두 번째 차를 굴리지만 부딪치지 않도록 한다. 이것은 처음의 경우와 순서는 비슷하지만 기본적으로 인과성은 다르다. 일반적으로 최소한 두 사물이 떨어져 있으면 서로 영향을 주지 않는다. 10개월 된 아기는 앞의 사례보다 뒤의 사례를 더 오래 본다. 이것은 아기가 뒤의 사례를 앞의 사례보다 더 이상하게 생각한다는 것을 의미한다. 결국 이것은 아기가 자신들의 행동과는 무관하게 실제 사물이 서로 영향을 어떻게 주는지에 대하여 뭔가를 알고 있다는 것이다.

걸음마를 하는 동안 아기는 지속적으로 사물 간의 인과관계를 학습한다. 아기는 3세 이전에 이미 사건의 원인을 적절하게 설명할 수 있다. 이때 아기들은 벤치의 나사가 느슨하기 때문에 삐걱거린다고 말하거나, 못이 구부러졌기 때문에 부러졌다고 말하기도 한다. 3세나 4세가 되면 간단한 기계라면 어떻게 작동하는지 분명히 예측할 수 있다.

아기가 눈으로 볼 수 없는 사물에 대하여 알기 시작하면서 더 많은 것을 아는 것처럼, 하나의 사건이 또 다른 사건을 어떻게 일으키는지에 대하여 알기 시작하면서 더 많이 배운다. 아기들은 세계에 어떻게 영향을 주는지에 대하여 몇 가지 가설을 수립하기 시작한다. 아기들은 이 세상의 사물은 아주 복잡한 방식으로 서로 영향을 준다는 것을 차차 배워 나가야 할 것이다.

3. 아기는 사물을 분류할 수 있다

사람들에게 주위에 어떤 사물이 있는지 말해보라고 하면, 사람이나 애완동물처럼 아주 극소수의 사례만을 제외하고는 어떤 범주에 어떤 사물이 있는지를 말하고 있다는 것을 알게 될 것이다. 장미, 지폐, 커피라고 말하였다고 하자. 사람 눈에 보이는 것은 개물(個物)이다. 그러나 이 세상에는 장미도 지폐도 존재하지 않는다. 우리가 실제로 경험하는 것은 개물 그 자체이다. 장미나 지폐는 유목이다. 그러면 인간은 어떻게 존재하지도 않는 유목을 말할 수 있는가? 플라톤은 모든 사물은 궁극적 존재인 본질이 있으며 이것은 하늘에 있다고 보았다. 플라톤의 이러한 존재에 대한 입장은 현대 인지과학에서는 받아들이지 않는다.

범주에 대하여 생각을 많이 하면 할수록 더 이상해지고 복잡해지는 것 같다. 어떤 범주에 속한 사물도 다른 범주에 속할 수 있다. 한때 판다는 곰의 범주와 너구리 범주에서 오락가락했다. 지금은 판다는 곰으로 다시 분류되고 있다. 우리는 무엇 때문에 판다를 곰으로 분류하는지에 이의를 제기하지 않고 학자들의 의견을 기꺼이 받아들인다. 인간은 사물에는 그 기저에 깊고 막연한 근원, 즉 사물을 범주하도록 해주는 어떤 본질이 깔려 있다고 생각하는 것 같다.

우리는 이 모든 것을 어떻게 알까? 대상 영속성과 인과성 개념처럼, 범주도 세 살짜리 아기에게는 중요한 학습문제이다. 아주 어린 아기도 이미 사물은 구별할 수 있고 그것을 몇 가지 방식으로 일반화할 수 있다. 아기들에게 비슷한 사물을 계속해서 보여주면 지루해하고, 약간 다른 사물을 보여주면 생기를 띠는 것을 볼 수 있다. 이 모든 것은 아기도 이미 분류를 한다는 의미이다.

아기는 성인과 같은 방식으로 사물을 분류하는 것은 아니다. 아기들은 움직이는 물체의 궤적을 따라가며 공동 운명의 원리에 주목한다고 말한 적이 있는데, 아기는 이 방법으로써 사물을 확인한다. 만약 장난감 자동차가 커튼 뒤로 사라졌다가 이상한 곳에 나타나면 아기는 그것은 마치 새로운 자동차이고 이전의 자동차는 딴 곳에 있는 것처럼 생각한다. 아기는 어떤 특별한 길을 따라 움직이는 물체는 같은 것이라고 생각하는 것 같다.

만약 아주 어린 아기는 푸른색 자동차가 커튼 한쪽 끝에서 사라지고 노란 장난감 오리가 같은 쪽이지만 더 멀리 떨어진 곳에서 나타나면 사실 별 흥미를 보이지 않는다. 성인 같으면 장난감 오리는 새로운 물건이고 자동차는 커튼 뒤 어딘가에 있다고 생각할 것이다. 그러나 아기는 자동차가 커튼 뒤에서 마술적으로 다른 물건으로 바뀌었다고 생각한다. 스카프가 오리로 바뀌는 것과 같이 범주를 초월하는 이러한 종류의 마술적 속임수는 아이들에게는 별로 놀라운 일이 아니다. 비록 아기가 노랑과 파랑, 오리와 자동차를 구분할 수 있다 하더라도 이것을 구분할 때에는 각 사물의 특징에 따라 하지 않는다. 그러나 한 살쯤 되면 자동차가 오리로 바뀔 때 놀라는 것을 볼 수 있다. 이것은 아기가 새로운 범주의 관점을 발달시켰다는 것을 시사한다. 이러한 것을 시사해주는 또 다른 행동도 있다. 아기에게 여러 가지 사물, 즉 서로 다른 네 마리의 장난감 말과 네 개의 연필을 주었다. 아기에게 손바닥을 탁자 위에 올려놓게 한 다음, 이 사물을 어떻게 하는지를 관찰하였다. 9개월이나 10개월 된 아기는 연필과 말을 가지고 놀며 종종 손으로 잡기도 하지만 되는 대로 가지고 논다. 그러나 12개월 된 아기는 한 범주에만 속하는 물건을 가지고 놀며 그것을 한 손에 모두 잡거나 한 줄로 세우기도 한다.

18개월경이 되면 아기는 장난감을 두 집단으로 분류한다. 말 장난감을 한 손에 잡으면 연필은 다른 손으로 잡는다. 어떤 실험에서 매우 성격이 까다롭고 꼼꼼한 18개월 된 어린 여자 아기가 자신이 가지고 있는 연필 중에서 한 자루가 연필심이 없다는 것을 알았다. 그 아기는 조심스럽게 양손을 살펴보다가 엄마 손에다 그 연필을 따로 올려놓았다.

두 살이나 세 살이 되면 하나의 사물이 범주에 속한다는 것이 무엇을 의미하는지 이미 깊이 이해하고 있다. 피상적인 사물의 모습을 초월하여 본질적인 특성을 이해할 수 있는 것이다. 사물의 범주를 알면 그 사물에 대하여 새로운 것을 예측할 수 있다는 것을 알기 시작한다. 세 살 된 아이에게 어떤 사물에 대하여 몇 가지 사실을 말해준다고 하자. 예를 들면 코뿔소를 가리키며 이 코뿔소에는 따뜻한 피가 있다고 말해줄 수 있다. 그러고 나서 그들에게 다른 코뿔소가 있다고 말해주면 그 코뿔소도 따뜻한 피가 있다고 말할 것이다. 아기에게 코뿔소를 디노사우루스 공룡이라고 말하지 않는 한, 자신이 발견한 것을 코뿔소처럼 보이는 트리케라톱스 공룡에 확대 적용하지는 않을 것이다.

이와 유사한 한 연구에서는 어떤 블록은 올려놓으면 불이 켜지고, 어떤 블록은 겉보기는 같지만 올려놓으면 불이 켜지지 않고 작동을 멈추게 하는 기계를 고안하였다. 두 살 된 아기에게 블록이 기계에 어떤 영향을 미치는지를 보여주었다. 그러고 나서 기계 작동을 멈추게 했던 블록 중에서 하나를 들어 보이며 "이것은 대장이야"라고 말하고는 "다른 대장 하나 주겠니?"라고 했더니 그 아기는 겉모양이 대장과 같은 것을 주는 것이 아니라 기계 작동을 멈추게 했던 블록을 주었다.

이 두 연구에서 공통적으로 시사하는 것은 두 살 된 아기도 어떤 면에서는 판다와 고래를 재분류하는 과학자와 같다는 것이다. 이 아기들은 사물의 움직임을 지배하는 심오한 규칙을 결정하기 위하여 사물의 외형을 초월하여 볼 수 있는 것이다. 세 살이나 네 살이 되면 사물의 표면 저변에 존재하는 것을 볼 수 있게 된다. 아기들에게 나무나 바위와 같은 자연물을 보여주고 나서 그 사물의 단면을 통해 내부가 어떻게 되어 있는지를 보여줄 수 있다. 그러면 아이들은 표면의 모습은 달라도 내부가 같으면 같은 종류라고 말할 것이다. 겉모습이 같아도 내부가 다르면 같은 사물이 아니라고 생각한다.

놀랍게도 심지어 이 아이들은 동물과 식물이 바위와 어떻게 다른지에 대해서도 알고 있다. 생물은 내부 구조가 훨씬 더 복잡하고, 바위의 내부는 훨씬 더 형태가 간단하다고 생각한다. 겉모습이 아주 달라도 새끼는 어미와 같은 동물이라는 것도 안다. 그들은 호랑이 새끼의 모습이 귀여워도 크고 포악한 어미 호랑이와 같은 종류이며, 겉모습이 이보다 더 비슷한 귀엽고 깜찍한 강아지와는 아주 다르다는 것을 안다. 이들은 유전적 성질에 대해서도 원초적으로 이해하고 있다. 이들은 소가 키운 돼지라 하더라도 자라서 소처럼 쭉 뻗은 꼬리가 아니라 자신을 낳은 어미 돼지처럼 꼬불꼬불한 꼬리를 가질 것이라는 것을 안다. 학교에 들어갈 나이가 되지 않았음에도 이들은 이미 생물학의 원리에 대하여 이해하고 있다.

4. 유아는 앎에 어떻게 이르게 되는가?

문제는 아이들이 이러한 사실을 어떻게 아는가 하는 것이다. 그 답은 이 책의 마지막 장에 서술되어 있다. 아이들은 태어날 때부터 알고 있는 것이 많고, 많이 학습하며 성인은 아이를 가르쳐주도록 되어 있다.

가. 세상을 파악하는 능력은 일부 유전인자에 기초하고 있다

앞 장에서 자폐아는 왜 타인의 마음을 모르게 되는가에 대하여 언급한 바 있다. 자폐아는 사람을 이해하는 것이 너무 어렵고 언어 사용법을 학습하는 것도 너무 어렵다. 유전적으로 훨씬 드물기는 하지만 윌리엄스증후군은 어떤 면에서 자폐아와 정반대의 모습을 보여준다. 윌리엄스증후군이 있는 아이들은 타인에게 이상할 정도로 민감하다. 이 아이들은 낯선 사람에게도 매우 다정다감하다. 초기 언어 발달은 느리지만 정교하고 복잡한 구문의 말을 유창하게 하는 능력은 놀랍도록 빠르게 발달한다. 그러나 이 아이들은 물리적 세계는 잘 이해하지 못한다. 세 살이나 네 살이 될 때까지도 정상이라면 할 수 있는 숨겨 놓은 사물을 찾지 못하거나, 도구를 사용하지 못하거나, 사물을 분류하지 못한다. 안전하게 길을 건너거나 집으로 가는 길을 찾지도 못한다. 생물학적 현상이나 물리적 현상은 자세히 얘기하고는 있지만 그 내용이 피상적이다. 수많은 종류의 동물 이름을 줄줄 욀 수 있는 윌리엄스증후군을 앓고 있는 아이가 10대가 되어도 성장, 유전, 사망과 같은 단순한 생물학적 과정을 이해하지 못할 수 있다.

윌리엄스증후군을 앓고 있는 아이를 연구하는 사람들은 종종 이 아이들이 정교하고 유창한 언어를 구사하는 것은 세상을 깊이 이해하기 위하여 획득한 것이라기보다는 타인과 사회적 관계를 맺기 위한 필요에 의하여 획득한 것이며, 이들이 하는 대화는 칵테일파티에서 하는 대화와 비슷한 것으로 본다. 자폐아들은 사회적 상황에서 쉽게 놀라고 이해를 잘하지 못하는 반면, 윌리엄스증후군 아이들은 자신감은 있으나 그것이 피상적이라는 점이 다르다.

일반적으로 자폐아보다는 윌리엄스증후군에 걸린 아이들에 대하여 더 잘 알려져 있지 않다. 윌리엄스증후군 아이들은 어떤 능력이 넘치고 어떤 능력이 부족한지에 대해서는 여전히 알려져 있지 않다. 단지 윌리엄스증후군 아이들을 보면 인간은 사물의 겉모습을 초월하여 물리적 세계를 더 깊이 이해하는 능력은 유전 인자 안에 있다는 암시를 해준다. 이 능력은 적어도 사회 속에서 말을 하고 남과 잘 어울리는 능력과 별개인지도 모른다.

나. 아기는 사물을 설명하고 싶은 욕구가 있다

아기가 사물을 어떻게 학습하는지를 생각해보면 아기와 과학자 사이에 특히 유사한 점이 있다는 것을 알게 된다. 인간은 사물의 겉모습을 초월하여 세상을 보고 심오한 형태를 추론하려고 한다. 그러기 위하여 사건의 저변에 숨겨져 있는 원인을 찾고 사물의 본질을 이해하려고 애를 쓴다.

이러한 일은 인간만이 할 수 있기도 하지만 그렇게 해야 할 필요가 있다. 인간은 식욕이나 성욕처럼 세계에서 일어나는 현상을 이해하고 싶어 하는 욕구가 있다. 예를 들면 퍼즐 문제나, 불가사의한 일, 애매모호한 무늬 등 잘 알 수 없는 어떤 대상을 만나면 그 답을 얻을 때까지 여러 가지 활동을 한다. 과학자 역시 어떤 문제를 해결하기 위하여 밤을 새우고 심지어는 먹는 것조차 잊어버린다. 과학자가 이러한 일을 하는 것은 보수를 받기 때문만은 아니다.

아기도 순전히 세상을 이해하려는 이러한 욕구가 있다. 아기가 출생한 후 3년간은 사물을 탐색하고 실험해 보려는 욕구가 있다. 사람들은 아기가 하는 이 일을 부모가 해야 한다고 생각한다. 부모가 집안을 정리를 하고 나면 아기가 다시 어지른다고 불평을 한다. 그러나 옛날부터 현명한 엄마들은 아이에게 찬장에 있는 냄비나 팬을 마음대로 가지고 놀도록 하는 것이 가장 아이의 성장에 좋다는 것을 알았다.

아기는 자신이 마음대로 돌아다닐 수 있게 되면서부터 자신을 보살펴주려는 부모의 욕구와 자신의 참을 수 없는 탐구 욕구 사이에서 갈등을 겪는다. 공원에서 아장아장 걷는 아이는 마치 눈에 보이지 않는 끈으로 엄마에게 묶여 있는 것처럼 보인다. 아기는 위험을 무릅쓰고 탐색하다가 갑자기 무서움을 느끼면 안전한 안식처인 부모에게 돌아온다. 그러다가 몇 분이 지나면 다시 이러한 모험을 시작한다. 부모는 이러한 줄에서 완전히 탈출할 수 없다. 가정과 바깥, 안락과 지루함, 평화와 도전감 사이에서 영원히 갈등하는 삶 자체가 인간 생활의 일부가 아닌가 생각된다.

진화적 관점에서 보면 아이들의 이러한 행동은 약간 이상한 데가 있다. 아이들은 세계를 탐험하면서 엄청난 에너지를 쓸 뿐만 아니라 종종 위험에 빠지기도 한다. 인간의 경우 탐색에 따른 위험은 학습의 이점과 상쇄되는 것 같다. 아기가 세상을 빠르게 이해하고 변하는 것은 그들이 세상을 탐색하고 실험하는 방식과 관련이 있는 것으로 보인다. 아기들은 사물의 소실, 원인, 범주의 개념에 대한 이해를 증진하기 위하여 사물을 적극적으로 다룬다. 다행히 이러한 탐색을 할 수 있는 사물이 주변에 산재하고 있기 때문에 대부분의 아기는 아주 손쉽고 안전하게 실험을 할 수 있다. 예를 들면 침대나 집, 정원은 이들에게 훌륭한 실험실이다.

아기가 한 살쯤 되면 물건 숨기기 게임에 매우 흥미를 느낀다. 아기는 대상이 사라지는 신비한 문제를 스스로 탐구한다. 보자기 밑에 숨겨 놓은 물건을 반복적으로 "어디 갔지?"라고 물어도 싫증내지 않고 매번 흥미를 가지고 찾는다. 처음에는 물건을 숨기지 못하게 하지만 한두 차례 숨기고 나면, 스스로 물건을 숨기거나 숨겨보라고 보자기나 물건을 주곤 한다. 집중력이 그리 좋지 않은 아이라면 30분 동안 이 게임을 할 수 있다.

마찬가지로 아기는 사물 간의 인과관계에도 매력을 느낀다. 리본-자동차 실험에 참여했던 아이들은 잠시 자동차가 움직이는 광경을 놀란 듯이 쳐다보고 나서 곧 싫증을 느끼지만, 자신들의 힘을 지각하는 것에는 싫증을 느끼지 않는다. 시간이 조금 지나면 아이는 모빌을 간혹 쳐다보지만 발은 계속해서 차고 있다. 도처에 널려 있는 '요술 상자'는 세상에 일어나는 일에 매료됨에 따라 만든 또 하나의 장난감이다. 한 살이나 두 살이 되면 하나의 사물이 다른 사물에 영향을 미칠 수 있는 방식을 매우 체계적으로 탐색할 것이다. 갈고리 실험에 참여한 아기들은 한두 번 시도하고 나서는 장난감을 가져가는 것을 거의 잊어버렸다. 장난감 자체는 갈고리로 장난감을 움직이는 것보다는 흥미를 주지 못한다.

아기는 사물의 속성도 끊임없이 탐색한다. 6개월이나 7개월 된 아기는 자신의 모든 감각을 동원하여 사물을 체계적으로 확인한다. 1세쯤 되면 체계적으로 사물을 탐색한다. 새 자동차를 바닥에 대어보기도 하고 거기서 나는 소리를 들어보기도 하고, 소파에 부딪쳐 소리를 내어보기도 한다. 18개월이 되면 소리 나는 깡통 같은 사물을 보여주면 뜻하지 않은 일이 일어나는지 알아보려고 이리저리 두드려보는 등 체계적으로 탐색한다. 이 시기의 아기는 서로 다른 종류의 대상을 스스로 분류할 수 있다.

아기가 세상 속에서 다양한 사물을 가지고 노는 가운데 대상의 소멸, 인과관계, 범주와 같은 중요하고도 어려운 문제를 해결하는 능력을 발달시키는 데 기여한다. 과학은 하나의 독립적이고 사회적으로 규정되기 전에는 실험 철학이라고 불리었다. 아기가 정신없이 장난감을 가지고 노는 동안 부동산 시세를 놓고 떠들어대는 성인들은 아기가 실험 철학의 기적을 목격하고 있다는 사실을 모른다.

다. 성인은 아기 성장의 교사가 될 수 있다

성인은 스스로 깨닫지 못하더라도 양치기처럼 아기들이 기적을 일으키는 데에 기여할 수 있다. 한 살이 되면 부모는 아기에게 말을 걸 수 있다. 아기가 하는 모든 것을 스포츠 해설자가 하듯이 하나하나 말하고 설명해줄 수 있다. 예를 들면 "자 컵을 가져와, 다시 내려 놔, 잘하네, 착하지" 등의 식으로 말을 해줄 수 있다. 아기 말투로 말하는 것이 바보짓 같지만 그렇지 않다. 외관상 아기가 모르는 것을 말해주고 있는 것은 아니지만 이러한 조기언어가 아기가 이 세상을 조직하는 데 도움이 되는 데에는 그만한 이유가 있다. 앞 장에서 아기가 사람의 마음을 이해할 때 타인의 영향을 받는지 여부를 확인하는 실험을 소개한 바 있다. 형제가 있는 아이와 없는 아이를 비교한 적이 있다. 마찬가지로 이 세상을 서술하는 것이 서로 다른 부모의 아이들을 서로 비교할 수도 있다.

언어의 문법 구조 차이 때문에 영어를 쓰는 부모와 한국어를 쓰는 부모는 세상을 다르게 서술한다. 한국인은 동사로 끝나는 말을 잘 사용하기 때문에 아이에게 명사를 생략해서 말하기 쉽고 실제로 종종 그렇게 말한다. 한국인 엄마는 아기가 컵 안에 블록을 집어넣는 것을 볼 때 '누가' 그렇게 하며, '움직이는 것'이 무엇이며, 들어가는 것이 무엇인지 말하지 않고 그냥 "들어간다"라고만 말을 한다. 그러나 영어에서는 문장이 이해될 수 있으려면 적어도 하나의 명사를 포함해야 한다. 영어를 모국어로 사용하는 부모들은 사물을 가리키고 그 사물에 명칭을 붙이는 데 많은 시간을 보낸다. 즉, "개다! 새 봐! 차야! 비행기야!"라고 말한다.

실제로 영어를 사용하는 엄마와 한국어를 사용하는 엄마가 18개월 된 아기에게 말하는 방식은 서로 다르다. 영어를 사용하는 엄마는 한국어를 사용하는 엄마보다 명사를 더 많이 사용하고 동사를 더 적게 사용한다. 영어를 사용하는 엄마는 사물 이름을 사용하는 경향이 있고, 한국어를 사용하는 엄마는 행동에 대한 말을 많이 사용한다.

아기가 세상에 대하여 이해하는 것도 한국어를 사용하는 아기와 영어를 사용하는 아기 간에 차이가 있다. 한국인 아기는 영어를 사용하는 아기보다 동사를 더 많이 사용하고 영어를 사용하는 아기는 한국어를 사용하는 아기보다 명사를 더 많이 사용한다. 역시 한국어를 사용하는 아기는 영어를 사용하는 아기보다 손이 미치지 않는 곳에 있는 장난감을 가져오기 위하여 갈고리를 사용하는 것과 같은 문제를 해결하는 방법을 훨씬 더 잘 학습하였다. 그러나 영어를 사용하는 아기는 한국어를 사용하는 아기보다 사물 범주화 시기가 더 빨랐다. 예를 들면 영어를 사용하는 아기는 장난감 말과 연필을 더 잘 구분하였다. 한국어를 사용하는 아기는 자신의 행동이 세상에 어떤 영향을 미치는지에 더 많은 관심을 기울이고, 영어를 사용하는 아기는 각 사물이 어느 범주에 어떻게 속하는지에 더 관심을 기울인다. 이러한 차이는 성인이 어떤 말을 하느냐에 따라 영향을 다르게 받기 때문이다.

오래전에 언어학자 워프는 문법이 사고방식에 영향을 미친다고 주장한 바가 있었다. 물론 그의 가설은 학계에서 혹평을 받았으나 이 가설은 대중들에게는 계속 흥미를 불러일으켰다. 1980년대 한 미국인 고위 공무원은 러시아어에는 데탕트라는 말 자체가 없기 때문에 러시아인들은 결코 평화를 협상할 수 없을 것이라고 말한 적이 있었다. 물론 이러한 생각에는 논리성이 없다. 만약 자신의 언어로 어떤 개념을 표현할 수 없다면 자신의 언어에 없는 개념이 다른 언어에 있다는 것을 어떻게 알 수 있을까? 발달심리학자들이 밝혀낸 것은 워프의 생각과는 차이가 있다. 한국어를 말하는 아기와 영어를 말하는 아기 모두 두 살이 되면 행동도 이해하고 사물 범주도 이해하게 된다. 그러나 여전히 두 언어의 강조점이 다르기 때문에 아기가 어떤 언어를 사용하느냐에 따라 어떤 문제는 풀기 쉽고 어떤 문제는 풀기 어려운 것으로 보인다. 음악에 대하여 자주 말하는 가정에서 자란 아이와 정치에 대하여 자주 말하는 가정에서 자란 아이의 차이와 같은 것이다. 두 가정에서 자란 아이 모두 음악이나 정치를 이해하는 능력이 있기는 하지만 자신들이 자주 들은 주제에 대하여 자연히 더 많이 알게 된다.

처음 말을 하기 시작하는 아이조차 자기 주위 사람들이 하는 말의 영향을 무의식적으로 받는다. 의식적으로 언어의 영향을 조작하기는 쉽지 않다. 형제간에 서로 말을 가르쳐주는 행위도 무의식적으로 영향을 주는 것이다.

아기가 바깥 세계를 이해하는 방식은 타인의 마음에 대하여 학습하는 것과 매우 흡사한 방식이다. 아기는 이미 자신에게 내재되어 있는 몇 가지 중요한 가정에서 시작한다. 중요한 것은 아기는 높은 학습 능력과 이보다 훨씬 더 강력한 학습동기를 가지고 있다는 것이다. 아기는 자신이 살고 있는 곳에 있는 사람과 접촉하고 싶은 만큼이나 자신의 주변에 있는 낯선 물리적 세계를 탐색하고 싶어 한다. 아기는 태어날 때부터 낯선 거실을 기어 다니게 되어 있는 것은 아니다. 그러나 아기는 이 거실에 누군가 과감히 들어가는 모습을 보면 자신도 그렇게 하고 싶어 한다. 다행히 아기가 만나는 사람들은 모두 따뜻하고 자신들도 모르게 아기에게 지혜와 문명의 결실을 가져다주기 위해 애쓴다.

제4장

아기의 언어 학습

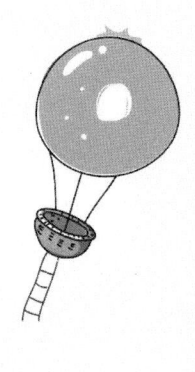

세상을 어떻게 알게 되느냐에 대한 의문처럼 언어를 어떻게 학습해 가느냐 하는 의문 역시 일상생활 속에서 그 답을 발견할 수 있다. 당신의 배우자가 방에 들어오면서 "오늘 은행에 가서 대출 금리가 얼마인지 알아봤나요?"라는 말을 했다고 하자. 대부분의 사람들은 이 말을 듣는 순간 그 말을 알아듣는다. 이 말을 알아듣기 위해서는 짧은 시간 동안 파악해야 할 것이 너무 많다.

　첫째, 연속적인 소리의 흐름을 여러 개의 조각으로 나누어 하나하나 음을 정확히 확인해야 한다. 아주 작은 소리의 차이라도 의미는 크게 다를 수 있기 때문이다. 예를 들면 위의 말에서 '봤나요?'란 말과 '봤나?'와는 의미가 다르다. 둘째는 분절한 다음 각 분절음을 조직하여 단어로 구성해야 한다. 셋째는 단어로 문장을 만들어야 한다. 소리가 조금만 달라도 의미가 달라지는 것처럼 단어 배열도 조금만 달라도 의미가 달라진다. '영임이가 희철이를 사랑한다'와 '희철이가 영임이를 사랑한다'에서 보듯이 같은 단어를 사용하여도 배열이 다르면 의미가 반대가 되기도 한다. 넷째, 단어 배열이 끝나면 각 단어가 갖는 의미의 뉘앙스를 이해해야 한다. 앞 문장에서 "알아봤나요?"는

'아는 것'보다는 '물어봤느냐?'의 뉘앙스가 크다. 다섯째, 마지막으로 문장의 의도를 파악해야 한다. 앞에서 배우자가 한 말이 단순히 궁금해서 물어보는 것인지, 꾸짖을 일이 있어서 물어보는 것인지, 걱정이 되어서 물어보는 것인지 등등을 파악하여야 한다. 우리는 이 일련의 과정에서 요구되는 주의를 기울이지 않고도 순간적으로 모든 것을 파악한다.

마술을 보다 보면 사물에 대하여 자연스럽게 생각하는 것이 얼마나 많은지를 깨닫게 되는 것처럼, 외국에 가서야 자신이 평소에 자연스럽게 생각하는 단어가 얼마나 많은지를 깨닫게 된다. 배우자가 한 말은 의식적으로 이해하려고 애쓰지 않아도 알아듣는다. 만약 배우자가 외국어로 말한다면 어떤 일이 벌어질 것인지 번역되지 않은 외국 영화를 보면 자신의 마음이 어떨지를 상상해봐라.

이러한 상황에 놓이면 누구나 답답할 것이다. 단순히 자신이 듣는 단어의 뜻이 무엇인지 모르는 차원이 아니라, 소리가 무엇을 의미하며, 연속된 소리가 의미상 어디에서 시작하고 끝나는 것조차 모른다. 빨리 하는 말을 들으면 더욱 그러할 것이다. 아기는 태어나서 이러한 상황에서부터 언어를 배우기 시작한다. 성인은 외국어를 알아듣지 못하면 좌절하고 답답한 마음을 언어로 표현하기라도 하지만 아기는 그러한 표현도 할 수 없는 상태이니 사정은 더 좋지 않을 것이다.

1. 첨단 컴퓨터도 음성인식은 아기를 따라가지 못한다

언어를 학습하는 것은 암호를 푸는 것과 같다. 사람들은 이 암호를 별로 애쓰지 않고 푼다. 언제부터 그럴 수 있었는지는 아무도 기억하지 못하지만 성인은 이 암호 체계를 힘들이지 않고 사용하고 있다. 이 암호는 스파이가 쓰는 암호체계보다 더 복잡하고 이해하기 어렵고, 어떠한 컴퓨터 프로그램도 이 암호를 알아내지 못한다.

지난 수십 년 동안 인간의 말을 이해하는 컴퓨터 프로그램을 개발하기 위하여 정부나 기업에서 많은 노력과 투자를 하여 발전은 있었지만 아직 어떤 컴퓨터도 언어 문제를 완전하게 해결하지는 못하고 있다. 사람이 말을 하면 컴퓨터가 그것을 문장으로 나타내는 정도는 상당히 발전하였다. 요즈음 스마트폰에 대고 말을 하면 문자로 변환되어 전송할 수 있는 프로그램이 내장되어 있다. 그러나 아직은 평상시에 우리가 쓰는 속도로 말하거나 발음이 부정확하면 문장 전환이 제대로 안 된다. 인간이 대화하는 것처럼 컴퓨터와 대화하는 것은 아직 요원한 상태이다. 아직 어떤 컴퓨터도 서너 살 된 아기만큼 말을 하는 것은 없다.

컴퓨터가 말을 할 수 있도록 하는 것이 왜 그렇게 어려울까? 문제의 핵심은 사람의 귀에 실제로 도달하는 음파와 인간의 마음에서 창조되는 말 사이에 존재하는 불가사의한 차이에 있다. 우리는 소리를 시각적으로 볼 수 있게 영상으로 형상화할 수 있는데 이것을 스펙트그램이라고 한다. 이것을 보면 음파의 물리적 특성을 알 수 있다. 즉, 소리가 얼마나 큰지, 어떤 음인지, 파동이 어떻게 변화하는지 등을 알 수 있다. 말을 듣고 그 뜻을 알려면 망막에 비친 2차원의 빛의 형태를

3차원의 사물로 전환해야 하는 것처럼 귀로 들어온 음파를 언어로 변환시켜야 한다.

스펙트그램과 우리가 하는 말을 비교해볼 때 스펙트그램을 인간이 하는 말로 대체하기 위해서는 몇 가지 문제점이 있다는 것을 발견할 수 있다. 첫째, 인간의 말은 분절이 있는데, 스펙트그램에는 분절이 없다. 둘째, 인간의 입과 입술은 사람마다 크기와 모양이 다르기 때문에, 단순한 소리(예, 아)조차 누가 말하느냐에 따라 다르고, 같은 말이라도 빨리 말하거나 천천히 하느냐에 따라 음파가 달라진다. 게다가 같은 소리라도 놓이는 위치에 따라 소리가 달라진다. "저 사람이 '기종'이라는 사람이야"라는 말에서 '종'과 "저 사람은 우리와는 다른 '별종'이야"라고 했을 때의 '종'은 소리가 다르다. 뒤의 '종'은 '쫑' 소리에 가깝다. 스펙트그램에서는 이 둘을 다르게 인식한다. 셋째, 사용하는 언어가 다른 사람은 같은 소리라도 완전히 다르게 듣는다. 스펙트그램에서 똑같은 소리라도 한국어를 하는 사람과 영어를 하는 사람은 다르게 듣는다는 것이다. 예를 들면 'r'과 'l'은 물리적으로 소리가 다르지만 한국 사람은 이 두 소리를 같은 소리로 인식한다. 이미 한국 사람의 뇌, 특히 어른의 뇌는 'r'과 'l'의 소리를 처리할 때 다른 소리로 인식하지 않고 모두 '르'로 인식하도록 되어 있다. 비슷한 물리적 소리가 귀를 통해 뇌에 전달되면 그 소리를 의미로 변환시킨다. 이때 뇌는 유사한 소리를 묶어서 어떤 특정 소리로 인식하게 되는데, 한국인의 뇌는 'r'과 'l'의 소리를 모두 같은 소리 '르'로 간주해버리는 것이다. 뇌가 이러한 식으로 소리 정보를 처리하지 않으면 언어 이해에 혼란이 생긴다. 사람마다 다른 말소리에 어떤 의미를 부여할 수 있겠는가? 1살짜리 아이가 '밥 주세요' 하는 소리와 10살짜리 아이가 '밥 주세요'라는 말소리는 물리적으로 같지 않다. 그러나 누구나 이 말을 듣고 똑같은 의미로 알아듣는다. 두 아이의 말소리가 달라도 뇌는 알아서 같은 의미로 자동 처리한다. 성인일수록 이러한 경향이 뚜렷하고 아이일수록 덜하다. 그래서 외국어는 어릴 때 배워야 한다는 것이다. 결국 성인은 모국어에 있는 소리를 더 잘 듣고 말할 수 있다는 말이 된다. 대체로 중학생이 되면서부터 이러한 소리변별력이 현저히 떨어지기 때문에 외국어, 특히 음성언어는 이전에 학습하는 것이 권장되는 것이다.

3세 된 아이는 컴퓨터의 이러한 모든 문제를 해결한다. '학교'를 엄마가 얘기하든, 아빠가 얘기하든, 빨리 말하든 천천히 말하든 바르게 인식할 수 있다. 언어 인식을 할 수 있는 컴퓨터 시스템이 있다 하더라도 3세 아이를 따라갈 수 없다. 인간이 말을 할 때에는 수만 개의 단어를 뇌에 저장하여 필요할 때마다 끄집어내어 자유자재로 배열하여 사용하지만 컴퓨터는 이것을 하지 못한다.

컴퓨터의 가장 큰 문제 중의 하나는 분석을 하기 위해 말을 개별 단위로 분할할 수 없다는 것이다. 초기의 컴퓨터 프로그램에서는 말하는 사람에게 단어를 각각 따로 말하게 함으로써 이 문제를 해결하였다. 이러한 음성인식 기술을 사용하는 사람들은 매우 천천히 말을 해야 했다. 예를 들면 "각(잠깐 쉬고) 단어를(잠깐 쉬고) 매번(잠깐 쉬고) 분리하여(잠깐 쉬고) 말하는(잠깐 쉬고) 것은(잠깐 쉬고) 상대방을(잠깐 쉬고) 짜증나게(잠깐 쉬고) 하는(잠깐 쉬고) 것이다(잠깐 쉬고)"는 식으로 말을 해야 하는 것이다.

사람마다 목소리가 다르기 때문에 생기는 문제를 해결하기 위하여 우선 한 사람의 목소리만 인식하도록 프로그램을 짜고 다양한 목소리에 반응할 수 있도록 다시 프로그램을 짜야 했다. '기종'과 '별종'에서 '종'이 다른 소리로 취급되도록 일일이 프로그램을 짜야 한다. 아무리 이러한 노력을 한다 하더라도 어쩌면 우리는 3세 아이 수준의 음성인식 프로그램을 만드는 것조차 버거울지 모른다.

2. 첨단 컴퓨터도 언어의 의미를 아기만큼 인식하지 못한다

소리 인식의 문제가 해결되면 그다음에는 소리의 의미를 인식하여야 한다. 이 과정은 소리 인식과정보다 훨씬 복잡하다. 최근에 과학자들은 이 문제를 해결하기 위하여 노력을 경주하고 있지만 쉽지 않다. 단어를 의미로 바꾸는 일은 분명히 더 어려운 일이다. 철학자는 오래전부터 단어가 어떤 과정을 통해 사물에 의미를 부여할 수 있는지에 대하여 의문을 가졌다.

우리가 사용하는 단어와 바깥 세계 사이에는 마치 마술적 연결고리가 있는 것처럼 보인다. 말 한 마디만 들어도 당신은 그 말이 가리키는 사물과 접촉할 수 있다. 그것이 먼 곳에 있는 것이든 이상한 것이든 상관이 없다. 언어의 마술을 믿는 문화와 종교가 많은 것은 분명하다. 사물의 이름을 제대로 알면 그 사물을 지배할 수 있다. 사물에 대하여 생각할 때 일상적 언어는 믿기지 않을 정도로 강력한 힘을 발휘한다. 책을 읽는 것을 생각해 보라. 아무렇게나 찍힌 형태의 덩어리에 시선을 보내기만 해도 느닷없이 당신은 수천 마일 떨어져 살고 있는 사람의 마음과 접촉할 수 있다.

한 번도 본적이 없는 실험실을 방문할 수도 있고, 이미 성인이 되어 버린 어린 아기를 만날 수 있다. 이처럼 언어는 우리를 다른 세계로 안내해줄 뿐만 아니라 우리 자신만의 세계를 창조할 수 있도록 해준다. 주문을 외우지 않아도 '옛날에'라는 말 한마디 하면 옛날로 돌아갈 수 있다. 어떻게 단어가 이렇게 시공간의 제약을 초월하도록 해줄 수 있는 것일까?

이미 약 2천 년 전 아우구스티누스는 이 문제에 대하여 나름대로 답을 한 적이 있다. 아이는 부모님이 말하거나 가리키는 것을 듣고 그 단어를 가리키는 사물과 연합시킨다는 것이다. 그러나 그가 제시한 답은 별로 적절하지 않은 것 같다. 수세기에 걸쳐 여러 철학자는 그 답을 얻는 것이 쉽지 않다는 것을 보여준다. 러셀은 의미란 우리가 가리키는 사물 이상이라는 것이다. '사랑'과 같이 존재하지 않는 것을 가리키는 단어를 어떻게 배우는 걸까? 동사, 형용사, 전치사와 같이 사물을 전혀 가리키지 않는 단어를 어떻게 배우게 될까? 어떤 철학자는 또 다른 의문을 제기하였다. 인간은 단어가 의미하는 것뿐만 아니라 말하는 사람이 의도하는 것을 어떻게 알 수 있을까? 가리키는 것을 알기 위해서는 가리키는 사람의 의도를 알아야 한다. 집게손가락을 펴는 동작이 저주를 하거나 축복을 비는 행위가 아니라 사물을 가리키는 것이라는 것을 알아야 한다. 컴퓨터가 음성을 해독하는 문제도 아직 해결되지 못하고 있는 지금 이런 의문까지 해결하는 길은 더 요원하다.

3. 아기는 스스로 언어 규칙을 습득한다

음성과 음성의 의미를 인식하는 문제 이외에 해결해야 할 또 다른 문제가 있다. 언어학자 촘스키는 사람들이 이전에 관심을 갖지 않았던 것에 대한 새로운 의문을 제기하였다. 우리는 어떻게 단어로 문장을 구성하는가? 우리가 듣는 대부분의 문장은 이전에 접하지 못한 새로 만들어진 것이지만, 그 문장의 의미를 아는 데 별 어려움이 없다. 심지어 이미 알고 있는 단어를 새로운 방식으로 나열하여 다른 의미를 나타낼 수도 있다. 촘스키는 현대 언어학이라는 새로운 분야를 개척하여 과거 문법의 관점을 새롭게 바꾸었다.

촘스키는 인간은 언어를 접하면서 무의식적으로 일련의 규칙을 파악하며 이것은 전통 문법과는 다르다는 것이다. 이 규칙은 교통 표지나 상표 또는 초등학교 문법책처럼 사회적으로 부여된 것이 아니라 자연스럽게 형성된 무의식적 규칙이다. 이 규칙은 시각적 정보로 사물을 표상할 때 사용하는 규칙과 같은 것이다.

언어문제에 대한 이러한 촘스키의 해법은 바깥세계와 인간의 마음에 대한 현대적 해법과 유사하다. 인간은 감각 정보를 받아서 사물을 표상하고, 얼굴 표정을 감정 표상으로 전환하듯이, 일련의 소리를 의미로 표상하는 묵시적인 규칙이 있다는 것이다.

우리는 실제로 이런 체계가 어떻게 작동하는지에 관하여 많이 알고 있다. 우리는 소리가 단어와 같이 의미 있는 단위로 어떻게 변환되는지에 대해서는 상당히 많이 알고 있다. 기대에 미치지는 못하지만 단어를 결합하여 어떻게 문장을 구성하는지에 대해서도 좀 알고 있다. 그러나 그 나머지 부분에 대해서는 여전히 모르는 상태이다. 특히 소리가 어떻게 외부 세계를 가리키고, 의미가 어떻게 만들어지는지에 대해서는 현대 언어학자들에게도 불가사의한 것으로 남아 있다.

이러한 인간의 시스템은 진화에 의해 형성되었으며 인간에게만 있다고 본다. 언어의 가장 확실한 이점은 의사소통뿐만 아니라 집단생활을 할 때 타인의 행동을 조정할 수 있도록 해주는 것이다. 인간은 자신이 타인과 다른 말을 하기 때문에 서로 구분된다. 그래서 누가 자신의 구성원이고 아닌지를 알게 된다. 적으로부터 정보를 지키는 것은 친구와 정보를 공유하는 것만큼이나 중요하다. 언어 발달은 사람과 사물에 대하여 학습하는 독특한 능력의 발달과 관련이 있다. 이 때문에 인간은 이전에 살았던 사람들이 발견한 모든 것을 이용할 수 있다.

촘스키의 해답에서 생각해보면 발달에 대하여 여러 가지 의문이 생긴다. 언어 체계는 어디서 오는 것이며, 유치원에서 언어를 배우려고 수업을 받지 않아도 어떻게 복잡한 언어를 학습하는가? 아기는 태어날 때 이미 언어에 대하여 많이 알고 있다. 게다가 지식을 획득하려는 강한 학습 동기가 있다. 특히 자신이 속한 공동체에서 사용하는 말을 학습할 수 있는 강한 학습 동기가 있다. 여기에 더하여 성인은 아기가 언어를 학습할 때 결정적이고 중요한 역할을 한다.

과학은 아기가 어떻게 타인의 마음과 바깥 세상에 대한 의문을 해결하는지를 설명할 때 아주 적합하다. 이 세상은 사물의 세계와 마음의 세계가 존재한다. 아기는 세계에 대한 이론을 만들어 나가지만 그 이론에 적합하지 않는 새로운 증거가 나타나면 항상 그것을 수정해 나간다. 그러나 언어의 경우에는 사정이 약간 다르다. 언어 문제에 관한 한 아기는 타인이 하는 것과 자신이 하는 것이 조화를 이루도록 노력한다. 사람들이 말하는 것과 별개로 존재하는 추상적 '언어'란 없다. 인간은 세상이나 타인에 대해서 어떤 면에 대해서는 잘못 알고 있고 그 사실을 알고 있기도 하다. 그러나 우리가 하는 말이 잘못된 것인지에 대해서는 알 수 없다. 그것은 그저 언어에 불과하다. 아기가 언어를 학습하는 문제는 세계가 실제로 어떻게 존재하느냐와 같은 과학적 문제가 아니라 일종의 사회학적 문제나 심지어는 인류학적 문제이다. 주위 사람들이 하는 행동이 무엇인지 알고 그 행동을 배워 나가면 되는 것이다. 그래서 언어 학습에는 타인이 중요하다.

공동체마다 사용하는 언어가 다르기 때문에 아기의 언어 학습 문제의 답을 얻기가 더욱 어렵다. 아기는 어떤 언어에 노출되는지 간에 자신이 속한 공동체가 사용하는 언어를 학습해야 한다. 그러나 네 살이나 다섯 살이 될 때까지 아이는 어떤 언어가 자신의 사회에서 사용되는지 정확히 알지 못한다. 성인은 아이에게 교사가 되기도 하고 그 자신이 교재가 되기도 한다. 성인의 말이 공동체가 사용하는 언어가 무엇인지를 알게 해주는 유일한 증거이다. 그러나 아이들이 목표로 해야 하는 것은 성인의 언어를 학습하는 것뿐만 아니라 자신의 언어 자체도 만들어가는 것이기도 하다.

4. 신생아도 말소리의 차이를 인식할 수 있다

사람들에게 아기가 언제부터 말을 배우기 시작했는지 물어보면 대부분 아기가 처음 말을 하기 시작한 때를 꼽는다. 그러나 아기가 무엇을 알고 있는지를 알 수 있는 새로운 방법이 사용되면서 놀랄 만한 사실이 밝혀졌다. 아기는 태어날 때부터 이미 일부 언어에 대하여 알고 있다는 것이다. 아기들이 알고 있는 것에는 언어의 소리 체계가 포함된다. 인간은 말을 하기 전에 이미 음성 암호문을 해독하고, 컴퓨터가 해결하지 못하고 있는 많은 문제를 해결하는 것이다.

언어 학습이 어려운 것 중의 하나는 소리를 분할해야 하고 말마다 분할하는 것이 다르기 때문이라는 것은 이미 앞에서 언급한 바 있다. 인간은 물리적 소리를 언어로 인식할 때에는 비슷한 물리적 소리를 묶어서 하나의 언어로 인식하는 특징이 있다. 이에 대해서는 앞에서 언급한 바가 있다. 인간은 다양한 물리적 소리를 범주화하여 언어로 변화하여 지각한다. 언어를 범주화하는 방식은 언어마다 다르다. 영어를 사용하는 사람은 'r'과 'l' 소리를 다른 범주로 인식하지만 한국 사람은 같은 범주 'ㄹ'로 지각한다. 일본인도 한국인과 마찬가지이다. 이러한 현상은 자신이 사용하지 않는 언어를 들을 때 누구에게나 나타난다.

언어 합성 장치를 사용하여 어떤 음을 'b' 음에서 'p' 음으로 서서히 바뀌도록 하여 들려주면 미국인은 'b'와 'p'의 소리를 분명하게 구분한다. 스페인 사람이나 프랑스 사람도 두 범주의 소리를 구분하기는 하지만 미국인보다는 두 음의 변화시점을 인식하는 것이 더 멀다. 즉, 덜 정확하다. 이것은 언어마다 음파를 음성 언어로 변환시키는 것이 다르다는 것을 의미한다.

사용하는 언어가 다르면 왜 소리가 다르게 들리는가? 입과 귀의 기능은 누구나 같지 않은가? 맞는 말이다. 다른 것은 바로 뇌이다. 노출된 언어가 다르면 뇌가 달라지기 때문에 소리를 다르게 지각하고 그래서 다른 소리를 내는 것이다. 아기는 언제 어떻게 이렇게 되는 것일까? 아기는 범주로 구분하지 않고 컴퓨터처럼 소리를 들을까? 특정 언어에 대하여 범주를 사용하는 시기는 언제일까?

아기에게 두 가지의 소리가 같게 들리는지 아니면 다르게 들리는지를 알 수 있는 방법이 있다. 아기에게 컴퓨터에 연결된 특수한 젖꼭지를 빨도록 하면 아기에게 들리는 말이 어떤 것인지 정보를 얻을 수 있다. 이 젖꼭지는 젖이 나오는 것이 아니라 아기가 세게 빨면 스피커에서 소리가 나도록 되어 있다. 아기는 젖도 좋아하지만 소리도 좋아한다. 그래서 아기는 소리를 듣기 위해 1분에 젖꼭지를 80번 정도 빤다. 만약 소리가 바뀌면 아기의 젖을 빠는 행동이 더 활발해지고 새로운 소리를 듣기 위해 더 빨리 빤다. 이러한 원리를 이용하여 아기가 소리가 다르다는 것을 지각하는지를 확인해볼 수 있다.

과학자들은 아기는 소리의 미묘한 차이를 알 수 없고 모국어라 하더라도 'r'이나 'l'과 같은 유사한 소리는 분간하기 어려울 것으로 예상하였다. 그러나 그 결과는 예상과 정반대였다. 미국 아기의 경우 1개월만 되어도 두 소리를 분별하였다. 더욱이 아기는 소리를 범주화하여 지각한다는 것도 밝혀졌다. 영어를 사용하는 성인과 마찬가지로 모든 'r'이 들어 있는 단어의 'r'은 모두 같은 소리이고, 'l'이 들어있는 단어의 'l'은 모두 같은 것으로 지각하였다.

그 후 얼마 지나지 않아서 언어학자들은 더 놀라운 사실을 알았다. 세계 어느 나라 아기도 미국 성인보다는 스페인 말소리를 더 잘 변별한다는 것이다. 이처럼 모든 아기는 모국어이든 외국어이든 소리를 아주 잘 분별한다. 이 말은 아기는 어디서 성장하든 모든 언어를 잘 학습할 수 있다는 것을 의미한다. 아기는 컴퓨터와는 달리 여자이든 남자이든, 고음을 내는 사람이든 저음을 내는 사람이든 상관없이 그들이 말하는 모든 소리를 변별할 수 있는 능력이 있다.

이러한 점에서 아기는 우리가 생각했던 것보다 언어에 대하여 훨씬 더 많은 것을 알기 시작한다. 신생아는 이미 실제 자신에게 들리는 물리적 소리를 뛰어넘어 그것을 많은 추상적 범주로 나눌 수 있고, 이 세상의 모든 언어를 변별할 수 있다. 이러한 의미에서 아기는 글로벌 인재이다. 세계 시민인 아기는 자신의 문화적 부모를 초월하는 존재인 것은 분명하다.

5. 1세 이전의 아기는 어떤 말소리의 차이도 식별할 수 있다

아기의 언어 학습에 대한 의문은 꼬리에 꼬리를 분다. 아기는 어떻게 하여 자신이 속해 있는 문화의 언어에 예속되어 버리는가? 한국 아기가 미국에서 자라면 영어를 사용하는 사람이 되고, 일본에서 자라면 일본어를 사용하는 사람이 된다. 한국 아기는 한국 성인이 'r'과 'l'의 차이를 느끼지 못하고 단어의 의미도 변하지 않기 때문에 자신이 'r' 소리를 내든 'l' 소리를 내든 하등 문제가 되지 않는다는 것을 언제 알게 될까? 대부분의 학자들은 처음에 아기는 의미 있는 언어를 아주 많이 배우고 나서야 이러한 언어의 특징을 구분할 수 있다고 생각하였다. 이 의문을 해결하기 위해서는 모국어 이외에 한동안 특정 외국어를 들은 적이 있는 아기가 필요하다. 약 생후 4개월 이후의 아기는 컴퓨터에서 나는 소리에 따라 젖꼭지를 다르게 빨지 않는다. 그래서 앞에서 사용한 방법은 사용할 수 없다. 6개월 내지 12개월 된 아기에게 잘 맞는 새로운 검사 방법이 있다. 아기를 엄마의 무릎에 앉힌 다음 아기의 오른쪽에서 계속 아기에게 관심을 유도하기 위하여 장난감 하나를 천천히 조작해 보인다. 플라스틱 거미를 매달아 눈앞에서 흔들어 보이기도 하고 장난감 집을 거꾸로 보여주기도 하고, 그 밖에 시각적으로 흥미 있는 물건을 보여주기도 하였다. 아기의 왼쪽에서는 소리가 나는 스피커를 장치하고 그 위에 검은 상자를 올려놓았다. 스피커에서 '우 우 우'의 소리와 '에 에 에'라는 소리가 주기적으로 바뀌어 나도록 하였다. 그랬더니 아기는 소리가 바뀔 때마다 장난감을 보여주는 사람에 대한 주의가 흐트러지고 스피커 쪽을 보는 경향이 있었다. 아기가 이러한 행동을 할 때마다 스피커 위에 있는 검은 상자에 불이 들어왔다. 상자 안에는 곰이 춤을 추거나 원숭이가 북을 치도록 하여 아기를 즐겁게 해주었다. 상자의 공연이 끝나면 아기는 오른쪽에 있는 흥미를 끄는 사람으로 주의가 되돌아온다. 얼마 가지 않아 아기는 소리가 바뀔 때 고개를 스피커 쪽으로 돌리면 재미있는 것을 볼 수 있다는 것을 알게 된다. 아기는 소리 변화를 느끼는지 아닌지는 아기가 고개를 돌리는지 아닌지로 판단할 수 있는 것이다.

영어 'r'과 'l'에 대한 소리 분별은 7개월 된 아기라면 일본 아기이건 미국 아기이건 모두 잘한다. 그러나 10개월이 되면 일본 아기는 소리 분별을 잘하지 못하였지만 미국 아기는 잘 분별하였다. 영어를 사용하는 가정에서 자란 아기를 대상으로 한 이전의 연구에서도 비슷한 결과를 보여주었다. 이 연구에서 캐나다 아기는 생후 6개월에는 캐나다 성인이 분별할 수 없는 힌디어를 분별할 수 있지만 12개월이 되면 그 이상 분별하지 못했다.

아기는 성인의 말을 듣고 자라면서 자신이 속해 있는 특정 언어권에서 사용하고 있는 범주를 사용하여 소리를 분별한다. 한 살이 되면 아기의 언어 범주화가 시작되어 자신의 문화권에 있는 성인과 비슷해진다. 스웨덴 아기를 대상으로 간단한 모음을 사용해서 아기가 얼마나 빨리 성인과 같은 방식으로 말소리를 조직하는지를 확인한 결과, 생후 6개월이 되면 이 과정이 시작된다는 것을 알았다. 6개월에서 12개월 사이가 말소리를 조직하는 결정적 시기라는 것을 보여주는 것이다.

그러면 이 시기의 아기에게 어떤 일이 일어나는 것일까? 설명 가능한 것 중의 하나가 소리 전형(prototypical sound)이다. 영어의 'r' 소리를 많이 들려주면 아기는 'r'에 대한 추상적 표상, 즉 전형적 소리를 발달시키게 되며, 이것이 기억에 저장된다. 우리가 새로운 소리를 확인하고자 할 때 무의식적으로 그 소리와 저장되어 있는 소리 전형을 비교하고 가장 잘 맞는 것을 꺼내어 확인한다. 이러한 과정은 무의식적으로 일어나며 소리는 실제 청각적으로 귀에 들리는 소리보다 기억에 저장되어 있는 소리 전형으로 왜곡되어 들리는 것이다. 이것은 소리도 우리 기억 속에 있는 소리의 영향을 강하게 받는다는 것을 의미한다. 특히 언어인 경우에 그렇다. 이것은 어떤 사람에게 어떤 집 사진을 보여주어도 집 하나를 그리라고 하면 보여준 그림보다 자신이 자주 본 집의 그림을 그리는 현상과 유사하다. 만약 당신이 보여준 집에 굴뚝이 없더라도 그 사람이 자주 본 집에 굴뚝이 있으면 굴뚝이 있는 집을 그릴 것이다. 말소리의 전형이 어떤 것이고 들은 소리를 전형에 맞게 어떻게 왜곡하는지 알 수 있다. 소리의 전형은 그것 이외의 소리는 여과하기 때문에 다른 소리는 인식하지 못하도록 한다.

언어 전형은 6개월 내지 12개월에 시작하며 성인이 되어도 이러한 전형은 바뀌지 않는다. 1살이 되기 전에 아기들은 혼란한 소리 세계를 간결하고 일관성 있게 소리 정보를 처리하도록 뇌를 조직하는 것이다. 우리는 아기가 먼저 단어를 배우고, 그것을 통해 소리를 배우는 것으로 생각했지만 연구 결과는 이와 반대였다. 아기는 말소리를 먼저 숙달하고 그다음 단어를 배우는 것이다.

1세가 되면 소리에서 단어로 이행한다. 단어는 우리가 듣는 소리의 흐름 속에 삽입되어 있기 때문에 그것을 찾기가 쉽지 않다. 컴퓨터에서 아직 해결하지 못한 것 중의 하나는 시간적 측면에서 단어가 무엇인지 알기 이전에 단어라는 항목을 어떻게 확인하느냐 하는 것이다. '나는 아침에 일찍 일어나 밥을 먹었다'와 같은 일련의 소리 배열 속에서 먼저 단어를 각각 확인해야 하는 것이다. 이러한 소리배열 속에는 '나는√아침에√일찍√일어나√밥을√먹었다'의 6개 단어가 들어 있다는 것을 알아야 하는 것이다. 문자 언어에는 단어 간에 띄어쓰기를 하기도 하지만 음성 언어에서는 이것이 없다. 우리가 외국어를 배울 때 외국어가 빠르고 연속적으로 느껴지는 이유는 말 속에 들어 있는 각각의 단어를 확인하지 못하기 때문이며, 이것 때문에 외국어를 배우는 것이 어렵다. 컴퓨터에서 언어 문제를 해결하기 어려운 것도 이것이다.

아기는 단어를 배우기 이전에 단어에 대한 일반적 규칙을 배운다. 예를 들면 9개월 된 아기는 단어에 강세가 있다는 것을 안다. 9개월이 되면 강세의 위치도 구분할 수 있다. 아기는 자기 나라 말의 단어를 더 선호하고 자기 나라 말의 전형적 단어를 더 선호한다. 이러한 현상은 단어의 의미를 모르더라도 일어난다. 아기는 먼저 특정 소리를 낼 수 있어야 각 소리 조합을 할 수 있다. 9개월 된 아기는 자기 나라 언어의 결합된 소리를 더 듣고 싶어 한다. 이러한 소리 결합이 실제 단어뿐만 아니라 잠재적 단어인 경우라도 그러하다. 자신이 사용하고 있는 언어에서 단어를 알면 연속적인 소리를 단어로 분할할 수 있게 된다. 비록 그 단어의 뜻이 무엇인지 모르더라도 분할이 가능하다.

6. 옹알이

아기는 실제 말소리를 내기 훨씬 이전부터 말하는 것을 학습하고 있다. 물론 부모가 가장 잘 느끼고 있는 것은 아기가 실제로 말하는 것을 듣고 난 뒤부터이다. 아기가 어느 나라에서 태어나든 3개월이 되면 소리 내기(cooing)를 할 수 있다. 부모가 얼굴을 마주보고 말하고 웃으면 '오오', '아아'와 같은 작은 즐거운 소리를 낸다.

아기는 인간은 이러한 식으로 서로 주고받는다는 것을 직관적으로 파악하고 있다. 아기가 소리 내면 성인도 소리를 내는 식으로 아기와 처음 대화를 한다. 아기는 이미 어떤 식으로 대화를 하는지를 어느 정도 알고 있다.

7개월이 되면 아기는 옹알이를 하기 시작한다. '다다'나 '바바'와 같이 모음 음절이 있는 소리를 내기 시작한다. 문화와 관계없이 아기는 처음 똑같은 방식으로 옹알이를 한다. 'ㄱ'과 같은 소리와 '아'와 같은 모음을 결합하여 자모 소리를 낸다. 우리는 자녀가 옹알이를 한 것을 생생하게 기억하고 있다. 이 세상의 모든 아기는 옹알이를 하는 시기가 비슷하다. 일단 옹알이를 하면 언어 생성의 일반적 단계는 끝이 난다. 여러 문화권에서 서로 다른 언어를 학습하는 아기도 1세나

1세 반이면 가끔 자신이 살고 있는 사회의 독특한 소리를 내기 시작한다. 한국 아기는 한국어 방식으로 옹알이를 한다. 성인이 말하는 것처럼 소리의 진폭을 빠르게 변환시킬 줄도 안다. 스웨덴 아기는 전형적인 스웨덴 성인처럼 상승하는 억양을 사용하는 스웨덴어 옹알이를 한다. 아기가 옹알이를 하면 부모도 같이 반응해주는 것이 아기의 언어발달을 촉진시켜준다. 이때 어른은 어른이 사용하는 말을 정확하게 해주어야 한다. 아기가 하는 말이 무슨 말인지 못 알아듣는다고 아기도 성인의 말을 못 알아듣는다고 생각해서 옹알이를 하는 식으로 말을 해주면 안 된다. 아기는 어른의 말소리를 모방하여 말을 배우기 때문에 아기가 배울 말을 정확하게 또박또박 말을 해주어야 한다. 다만 긴 문장 보다는 짧은 문장을 사용하는 것이 좋다. 아기는 타고난 언어학습 능력이 있기만 언어 자극을 받지 않으면 언어를 학습하지 못한다.

7. 아기가 처음 말하는 '엄마', '아빠'

지금까지 아기가 어떻게 자신이 듣는 언어의 소리 체계를 학습하는지에 대하여 논의하였다. 지금부터 아기가 단어의 의미를 어떻게 학습하는지에 대해서 생각해보기로 한다. 아우구스티누스가 아기는 부모가 사물을 보고 말하는 것을 듣고 사물과 말을 연합시킨다고 말한 것을 기억해 보자. 이러한 생각은 호소력이 있어 보인다. 언제 아기가 말을 시작하는지 부모나 심리학자에게 물어보면 대부분 아기가 처음 부모를 부른 때라고 말할 것이다. 일반적으로 부모는 아기가 '엄마', '아빠'를 말할 수 있다고 여긴다. 많은 언어권에서 아기는 엄마와 아빠를 호칭하는 소리가 아주 비슷하다. 우리나라 말의 '엄마'와 영어의 '마마'는 발음상 비슷하다. 이 말의 공통적인 특징은 아기가 옹알이를 할 때 아주 스스로 내기 쉬운 소리라는 것이다. 이러한 현상이 엄마가 아기에게 그렇게 말해주기 때문에 그러한지, 아니면 아기가 그렇게 부르니까 엄마의 호칭이 그렇게 된 것인지는 분명치 않다. 그러나 세계 어느 언어에서도 엄마와 아빠를 부르는 소리에 공통점이 있다는 것은 후자일 가능성이 높다는 것을 짐작게 한다.

철학자, 심리학자, 부모는 아기가 어떻게 말하는지는 알지만 아무도 1970년대까지는 아기를 직접 면접해보지는 않았다. 동영상 촬영이 가능해지면서 아기가 언제 무슨 말을 하는지 볼 수 있었다. 결과는 놀라웠다. 아기는 '마마', '다다'라고 말하지 않았다는 것이다. '주스', '공', '돼지'라는 말도 하지 않았다. 아기는 어른이 알아들을 수 없는 말을 하였는데, 아마 부모는 아기가 사용하는 말의 이상한 점을 알지 못했을 것이다.

영어전 아기가 처음 반복적으로 하는 말 중에는 'gone', 'there' 등과 같은 것이 있다. 왜 이러한 말이 이상한가? 그것은 어른이 사용하는 의미와 다르게 사용하기 때문이다. 그러면 이러한 말은 아기는 어떤 의미로 사용하는 것인가? 이러한 것을 알아보기 위하여 한 언어학자가 아기를 방에서 놀게 한 뒤 몇 주 동안 관찰을 하였다. 관찰한 결과 아기의 언어가 겉보기에는 간단한 것처럼 보이지만 나름대로 이상한 점이 있었다. 가장 이상하게 사용하는 말 중의 하나가 'gone'이었다. 당초 부모는 이 말이 음식과 관련이 있다고 생각했지만 사실 아기는 그런 의미로 사용하지 않았다. 한 녹화 영상에서 18개월 된 아기는 갈색 설탕이 약간 묻어 있는 조그마한 종이에 설탕이 보이지 않자 그것을 뒤집으면서 'gone'이라는 말을 반복해서 사용했다. 동물 새끼가 더 이상 눈에 보이지 않자 그림책을 뒤적이면서도 이 말을 사용했고, 물건을 숨기면 그것을 찾으려고 할 때에도 이 말을 사용하였다. 결국 'gone'은 음식과 아무런 관계가 없고 어른이 사용하는 'gone'과도 다르다는 것이 판명되었다. 'gone'은 사물이 눈에서 사라지는 것을 서술할 때 아주 많이 다양하게 사용하였다. 아이들은 자신들이 알고 있는 어떤 것이 보이지 않지만 어딘가에 있다는 것을 말한 것이다.

그 이후에 'gone'과 같이 사용되는 말이 수없이 많다는 것이 알려졌다. 예를 들면 아기는 자신이 한 것이 성공했는지 실패했는지를 가리키는 어떤 말을 자주 사용하였는데, 미국 아이는 'there'라는 말을 성공했다는 뜻으로, 'uh-oh'는 실패했다는 뜻으로 사용하였다. 어떤 아기는 실패했을 때 좀 더 나직하게 'oh dear'를 사용하였다. 대부분의 부모는 사실 'uh-ohr'를 하나의 단어로 생각하지 않으며, 중요한 말이라고도 보지 않는다. 그러나 이 말은 미국 아이나 영국 아이 모두 가장 먼저 반복적으로 사용하는 말이다. 한국 아이나 프랑스 아이도 성공하거나 실패했을 때 사용하는 독특한 말이 있다는 것이 나중에 밝혀졌다.

아기들이 초기에 사용하는 이름도 부모가 생각하는 것 이상으로 복잡하다. 자신의 아기가 자신을 보고 '빠빠'라고 부르는 것을 듣고 기뻐했던 아기의 아버지가 자신의 친구를 보고도 환희에 찬 목소리로 '빠빠'라고 부르는 것을 보면 기분이 언짢을지도 모르겠지만 우체부, 택배 배달원에게도 이렇게 부른다는 것을 알 것이다. 동물을 부를 때에도 마찬가지이다. 모든 동물은 '멍멍이'인 것이다. 한 언어학자는 자신의 딸이 달을 보고 '달'이라고 했고, 뿐만 아니라 전등이나 오렌지, 달팽이 보고도 '달'이라고 했다고 한다. 아기가 'uh-oh'와 'gone'을 새로운 사태에까지 적용했듯이 초기에 사용한 여러 명칭도 이와 마찬가지이다. 아기는 자신이 들은 말의 뜻이 통하도록 하려고 자신에게 중요한 여러 개념에 이것을 적용하고 있는 것이다. 아기는 성인이 사용하지 않는 방식이라도 자신에게 뜻이 통하면 그런 방식으로 말을 한다.

아기는 처음엔 자신에게 친숙한 사물이나 사람에 대해서만 몇 개의 이름을 사용한다. 그러다가 말하기 시작하면 갑자기 모든 사물에 이름을 붙인다. 그래서 자신이 보는 모든 것의 이름이 무엇인지 부모에게 묻는다. 사실 '저게 뭐야'라는 말은 아기가 말하는 초기 언어 중의 하나이다. 18개월 된 아기는 사물을 가리키고 이름을 알았다는 것에 의기양양해한다. '저게 뭐야', '개야', '저게 뭐야', '시계야' 등등 많은 것을 말한다. 이때에 아기에게 세심한 부모도 아기가 얼마나 많은 말을 배우는지 알지 못한다. 마치 아기는 모든 사물에는 이름이 있다는 것을 발견한 것처럼 보이며 이러한 발견 때문에 일종의 이름 부르기가 폭발되는 것 같다.

이 단계에 있는 아기는 단어를 학습하는 데 새로운 접근을 한다는 것이 실험에서 보여주고 있다. 아기에게 새로운 사물에 의미가 없는 이름을 부여하면 그 이름은 아기의 어휘가 된다. 그러나 몇 주나 몇 개월이 지나면 아기는 그 말이 틀렸다는 것을 알고 수정한다. 어떤 사물에 하나의 단어만 영원히 내면화한다. 이러한 과정을 '빠른 지도' 형성이라고 부른다. 아기는 자신이 들은 새로운 이름은 자신이 방금

본 사물을 가리키는 것이라는 것을 단번에 아는 것 같다. 아기는 사물의 이름을 폭발적으로 알 때쯤 '빠른 지도' 형성이 시작된다. 언어는 학습한 만큼 생성된다. 아기는 단순히 사물과 이름 간의 연합을 시도하거나 어른의 말을 흉내 내는 것은 아니다. 아기는 능동적으로 자신의 목적에 맞게 언어를 재구성하는 것이다. 만약 사라지거나 실패한 것을 나타내는 말이 필요하면 기꺼이 'all gone'이나 'uh-oh'를 사용할 것이다. 만약 모든 동물을 나타내는 말이 필요하면 '개'와 같은 말을 사용할 것이다.

사람들이 말하려고 하는 것에 대하여 몇 가지 가설을 수립할 수 있다면 그 말을 해석하는 데 실질적 도움이 될 것이다. 어린 아기도 타인의 의도를 알고 그 단어가 무엇을 의미하는지 아는 데 도움이 되는 지식을 사용한다. 이것은 아우구스티누스의 주장이 틀렸다는 것을 의미한다. 아우구스티누스가 옳다고 한다면, 만약 아버지가 '배가 어디 있지?'라고 말했을 때 우연히 아기가 사과를 보게 된다면 어떤 일이 일어날까? 아기는 당황할 것이다. 그들은 배가 사과를 뜻한다고 우연히 잘못 생각하게 될 것이다. 그러나 걸음마기 아기는 이러한 실수를 하지 않는다. 예를 들면 엄마가 '냄비'를 보면서 아기에게 처음 보는 '국자'를 보여준다고 하자. 그런 다음 엄마가 '국자'를 보고 '붕붕이'라고 말하고 나서 아기에게 어느 것이 '붕붕이'인지 물어보면 아기는 말소리를 듣고 본 '국자'보다 엄마가 본 '냄비'를 '붕붕이'인 것으로 생각한다.

더 복잡한 상황에서도 이것을 확인해볼 수 있다. 탁자 위에 장난감을 가득 올려놓고 엄마가 하나씩을 들어 본 다음 탁자를 떠나고, 다른 사람이 새 장난감을 가지고 와서 탁자 위에 올려놓고 나간다. 다시 엄마가 들어와서 '붕붕이 봐!'라고 말하면 아기는 새로 가지고 온 장난감이 '붕붕이'인 것으로 생각한다.

아기는 사람들이 자신에게 사물을 가리킬 때에는 자신에게 친숙한 사물보다는 새로운 사물을 가리키는 것으로 생각한다. 아우구스티누스가 아이는 사물과 이름을 연합하여 언어를 배우는 것 같다는 주장은 틀리다는 것이 여기서도 판명된다. 즉, 아기는 사물의 이름을 들으면 그 이름을 새로운 사물과 연결시키는 것이다.

8. 아기는 문법 규칙을 알고 있다

단어를 조합하여 새로운 문장을 구성하는 것이나 그 의미를 아는 것은 언어의 또 다른 중요한 부분이다. 아기는 세 살이 되기 전에 언어 문제의 일부를 해결한다. 영어를 사용하는 아기들은 두 단어를 조합하는 단계(즉, '엄마가 없어!')를 거친다. 흥미로운 두 가지 관찰 결과가 있는데, 아기도 이미 몇 가지 문법 지식을 가지고 있다는 것이다. 첫째, 아기는 자신이 사용하는 말에서 몇 가지 단어만 배열할 수 있다는 것을 인식하고 있다. 그들은 '없어 엄마'라고 얘기하지 않고 '엄마 없어'라고 말한다. '많이 과자'라고 하지 않고, '과자 많이'라고 말한다. 둘째, 아기는 의미를 다르게 표현하기 위하여 단어의 배열을 다르게 한다. '뽀뽀 곰돌이'라는 말은 엄마가 곰돌이 인형에게 키스하라는 것을 의미하며, '곰돌이 뽀뽀'라는 말은 곰돌이가 엄마에게 키스를 하라는 뜻으로 사용한다. 이런 매우 단순한 두 단어 문장도 이미 어떤 규칙이 있다. 이런 말을 들어본 적이 없는 2세 아이라 하더라도 이 규칙을 알고 있다. 의미를 창출하듯이 문법 규칙도 창출해 나간다.

영어를 모국어로 하는 대부분의 아이들은 자라면서 더 길고 복잡한 문장을 생성하지만 여전히 성인이 사용하는 문장과는 아주 다르다. 영어를 쓰는 아이들은 복수일 때는 's'를 붙이고 과거형인 경우에는 'ed'를 붙여서 단어의 끝을 맺지만 'the' 또는 'or'와 같은 단어는 생략한다. 어린아이에게 성인의 문장을 한 단어 한 단어 반복하게 하더라도 아이가 하는 말은 이와는 아주 다르다. '나는 브로콜리가 싫어요.' '나는 과자가 먹고 싶어'가 각각 '브로콜리 싫어', '과자 좋아'가 된다. 아이들은 사용하는 단어의 뜻을 스스로 정하듯이 규칙과 문법을 가지고 언어를 생성해 나간다.

그러나 어떤 아기들, 특히 형제가 있는 여자 아이는 문법을 상당히 다른 경로를 통해서 습득한다. 개별 단어로 시작하여 점차적으로 더욱 복잡한 문장으로 결합시켜 나가지 않고 정반대로 한다. 문장 전체를 이해하고 나서 그것을 몇 개의 개별 단어로 나눈다. 성인이 말하는 문장의 억양을 먼저 파악하고 그 억양 형태를 흉내 내는 식으로 옹알이를 한다. 어떤 때에는 부모가 알지 못하는 언어로 아주 유창하게 말한다. 가끔은 갑자기 아이가 전체 문장을 말하는 것을 듣고 깜짝 놀란다. 예를 들면 '나는 과자가 조금 먹고 싶어요. 갖다 주세요'라는 말과 같은 문장을 말한다. 점차적으로 이상하고 불완전한 문장이 완전한 문장으로 바뀐다.

아기는 시간이 흐르면서 체계적인 다양한 문법 규칙을 배우고 창조해 나간다. 언어 발달 실험 연구에서 이것이 입증되었다. 예를 들면 영어를 사용하는 걸음마 아기에게 개 한 마리가 있는 사진을 보여주며, '이것은 개야: This is a dog'라고 말하고 나서, 두 마리의 개가 있는 사진을 보여주면서 '이게 뭐야?'라고 하면 4세나 5세 된 아이는 아주 기분 좋게 '그것들은 개야: They are dogs'라고 말한다.

역설적으로 들릴지 모르지만 아이들이 사용하는 문법을 보면 비록 틀릴지라도 매우 지능적으로 문법을 학습하고 있다는 것을 알 수 있다. 취학 전 아동들은 종종 'womans'나 'childs'와 같은 자신이 만들어 낸 단어를 사용한다. 어떤 경우에는 단어를 올바르게 사용하기도 한다. 2살 된 아이가 'child'라는 말을 생성하고 나서 'children'이라고 말하여 어른을 즐겁게 해주기도 한다. 이처럼 걸음마기 아기도 복수 형태를 만드는 규칙을 알고 있다.

영어는 다른 언어와 비교해볼 때 명사와 동사로 끝나는 말을 사용하지 않는다. 불어, 스페인어, 라틴어 등을 배운 적이 있는 미국인이라면 누구나 수많은 접속사와 어형변화 때문에 골머리가 아팠을 것이다. 영어가 아닌 언어를 사용하는 아기는 영어를 사용하는 아기보다 훨씬 더 일찍 동사와 명사로 끝나는 말을 사용한다. 예를 들면 한국어를 사용하는 아기는 영어를 사용하는 아기보다 훨씬 더 일찍 동사를 사용할 뿐만 아니라 한 단어만 사용할 때에는 훨씬 더 정확하게 동사로 끝나는 말을 사용한다. 불어를 사용하는 아이들은 문법적으로 성을 사용하는 데 아무런 어려움이 없다.

9. 아기는 언어를 학습하는 선천적 능력이 있다

아이는 어떻게 언어를 그렇게 쉽게 학습할 수 있는 것인가? 인간에게는 언어를 습득하는 발생적 기초가 분명히 있다. 특히 모국어의 특수한 속성까지 학습할 수 있는 강력한 학습 기제를 가지고 있다. 여기에다가 성인들은 자녀의 언어 학습을 도울 수 있도록 되어 있다.

가. 난독증과 실어증

마음과 세상을 이해하는 것을 어렵게 만드는 유전적 장애가 있듯이 언어를 잘 이해하지 못하도록 하는 유전적 장애도 있다. 이 비극적 사례에서 우리는 언어를 이해하고 말하게 하는 데에는 타고난 능력이 작용한다는 것을 안다. 정상적으로 발달하는 아이라면 특별한 노력 없이도 소리에 관한 작은 기적을 이루어낼 수 있지만, 모든 아이들이 이러한 기적을 이루어낼 수 있는 것은 아니다. 완벽하게 들을 수도 있고 머리도 좋지만 언어에 관한 한 어려움을 겪는 아이가 있다. 언어 장애를 유발하는 원인이 무엇인지 정확히는 모르지만 그러한 장애가 가족 대대로 유전되고 있다는 것은 발생적 요인이 있다는 것을 의미한다.

언어 장애는 아이가 읽고 쓰기 시작해야 비로소 알 수 있다. 언어의 소리 체계에 문제가 있는 아이들은 일상적 대화를 이해할 수 있어도 보상을 받을지 모른다. 읽고 쓰기 위해서는 소리 언어 체계를 문자 언어 체계로 전환할 수 있어야 한다. 만약 소리 체계를 완전히 익히지 못하면 이 일은 어렵다. 읽고, 쓰기에 어려움이 있는 난독증이 있는 아이는 문자뿐만 아니라 소리를 듣는 데에도 어려움을 겪는다. 이 아이들은 태어나면서부터 할 수 있는 'r'과 'l' 또는 'b'와 'p' 소리 간의 차이도 분간하지 못한다. 그러나 난독증이 있는 아이들에게는 언어 기본 소리 체계를 인위적으로 변형해주면 소리 인식에 도움이 될 수 있다. 예를 들면 컴퓨터 프로그램을 사용해서 소리 특징의 차이를 확대해서 소리 변별을 쉽도록 해주면 소리 인식을 잘할 수 있다. 최근의 연구는 이러한 소리 변조가 난독증 아이의 읽기와 쓰기 향상에 도움이 된다는 것을 보여주고 있다.

언어의 다른 측면에서 유전적 결함이 있는 아이도 있다. 정상적으로 성장하는 아동은 진행형과 과거형의 문장을 별 어려움 없이 익힌다. 그러나 어떤 아이는 이것을 익히는 데에 곤란을 겪는다. 문장의 종결법을 배운다 하더라도 아주 힘들게 배우고 그것도 한 번에 하나밖에 배우지 못한다. 만약 앞에서 제시하였던 '개'에 관한 복수형 문장을 요구하는 질문을 하면 아이들은 바르게 대답하지 못할 것이다. 이러한 언어학적 문제에 대한 그들의 반응은 자폐아에게 정서에 대한 질문을 했을 때의 반응과 매우 흡사하다. 만약 이들에게 두 마리의 고양이가 있는 사진을 보여주고 무엇인지 말하라고 하면, 정상적 아이라면 별 생각 없이 'cats'라고 할 수 있는 것을 그들은 바르게 복수형을 대지 못할 것이다.

나. 아기는 어른의 말에서 소리의 전형을 발견한다

언어에 아무리 발생적 기초의 영향이 크다 하더라도 자신이 배우려는 것이 어떤 언어이든 각 언어의 모든 특징을 해결해야 한다. 언어의 유형을 추론하고 규칙을 찾아내야 한다. 지금까지 연구에서는 주로 아기가 언제 언어를 학습하고 무엇을 학습하느냐에 관심이 있었지, 이러한 문제에 대해서는 별 관심이 없었다. 단지 몇 가지만 알려지고 있다.

사용하는 언어 종류마다 아기가 자주 듣는 소리는 다르다. 일반적으로 미국 아기는 6개월이 되면, 수천 가지 종류의 'ee' 모음을 수백 번 듣는다(baby, daddy, mommy, cookie와 같은 단어). 아기는 이런 모든 사례에서 'ee' 소리의 원형을 추출해낸다. 아기는 무의식적으로 전형적 'ee' 소리를 아는 것이다.

이러한 소리 전형은 아기가 말을 듣거나 소리를 내거나 옹알이를 할 때 많은 영향을 준다. 아기는 무의식적으로 듣는 소리를 소리 전형과 비교한다. 만약 듣는 소리가 소리 전형과 유사하면 그 소리와의 단순한 차이는 무시해버리고 그 소리를 소리 전형과 같은 것으로 생각한다. 그러기 때문에 목이 쉬거나 감기가 걸린 사람이 아기에게 말을 하여도 아기는 왜곡된 소리는 무시하고 그 사람의 의도를 안다. 아기는 자신의 주변에 있는 성인으로부터 말의 전형을 찾고, 그 전형을 가지고 소리를 해석하고 심지어는 성인이 불분명하게 말한 것까지도 해석한다.

이처럼 소리 전형을 형성하면 이점이 많다. 그러나 이러한 소리 전형은 외국어를 배울 때에는 오히려 방해가 된다. 아기는 모국어 전형이라는 여과기를 통해서 모든 소리를 듣고 자기 스스로 생성해내는 소리도 모국어의 소리처럼 나기 시작한다. 6개월에서 12개월이 된 아이는 더 이상 세계 시민이 아니라 특정 문화 언어 전문가인 셈이다.

미국인은 집에는 굴뚝이 있다고 생각하는 사람이 많다. 그것은 그들이 본 집은 대부분 굴뚝이 있었기 때문이다. 그러나 굴뚝이 없는 집에서 자란 사람들, 예를 들면 적도 근처에 사는 아프리카인들은 굴뚝이 집의 전형의 일부가 아니기 때문에 미국인들은 아프리카인의 집을 구분하고 기억하는 데 아프리카 원주민보다 시간이 더 많이 걸린다.

언어의 소리 체계를 학습하는 데 작용하는 또 하나의 기제가 있다. 자기 나라 말을 듣고 자란 아기가 그 나라 말을 하기까지에는 일 년 반 정도가 소요된다. 그 시간은 자기 나라 말소리가 어떻게 작용하고 있는지를 얼마나 이해하고 있느냐, 소리를 흉내 낼 수 있는 능력이 얼마나 있느냐에 따라 차이가 있다.

소리를 흉내 내는 것은 보기보다 매우 복잡하다. 소리만 들으면 입을 어떻게 해야 그 소리를 내는지 모른다. 영어를 사용하는 사람은 'eu'와 같은 스웨덴어의 모음을 들으면 그 소리를 내기 위하여 입을 어떻게 해야 하는지 모른다. 즉 혀를 올려야 하는지 내려야 하는지, 입을 오므려야 하는지 벌려야 하는지 잘 모른다. 이 소리를 내기 위해서는 영어의 'ee' 소리를 내는 것처럼 혀를 올리면서 영어의 'oo' 소리를 내는 것처럼 입을 오므려야 한다. 그러나 만약 어떻게 발음해야 하는지에 대한 정보가 없으면 그 소리를 내기 어렵다. 아기는 어떻게 자신이 들은 소리와 그 소리를 내기 위해서 입의 움직임을 연결시키는 것일까?

아기들이 옹알이를 할 때 입을 마음대로 움직이지 않는다. 아기는 입과 소리 간의 일종의 지도를 형성하는 것으로 보인다. 즉, 소리를 조절하는 신체기관(입술, 혀, 입, 그리고 턱)의 움직임과 생성되는 소리가 연결되는 것이다. 아기는 팔과 다리로 놀면서 이동하고 주위를 살피듯이 입을 가지고 놀면서 자신이 생성한 소리를 듣는다. 아기는 침대에 누워 소리를 가지고 논다. 즉 기쁨의 소리도 내고 '에', '아', '바', '가'와 같은 단순한 소리도 내고, 비난하는 소리까지도 낸다. 이런 식의 놀이를 통해서 아기는 자신이 들은 소리를 낸다. '에'와 같은 소리를 내기 위해서는 혀를 들어 올려야 하고 '아'와 같은 소리를 내기 위해서는 혀를 낮추어야 한다는 것을 학습한다.

아기는 말을 흉내 낼 능력이 없기 때문에 충동적으로 흉내를 낸다. 성인의 소리를 흉내 내는 것을 좋아한다. 5개월 된 아기는 15분 동안 '에'와 같은 단순한 모음을 들을 때 자신이 들은 소리와 유사한 모음을 스스로 만들어낼 수 있다. 완벽하게 '에' 소리를 생성하지는 못하지만, '에' 소리를 내기 위하여 입을 어떻게 해야 하는지는 알고 있다. 아기는 사람들이 혀를 들어 올리고 입술을 끌어들일 때 '에' 소리가 난다는 것을 안다. 어른이 내는 그 소리를 듣는 것만으로도 아기는 그 소리를 내고 싶어 한다.

앞에서 이 시기의 아기는 소리 내기 이전에 말하는 모습부터 본다고 언급한 적이 있다. 아기는 자신이 듣고 있는 소리에 해당하는 입 모양을 하는 사람의 얼굴을 보는 것을 좋아한다. 이것은 자신이 듣고 있는 소리와 그 소리를 내는 입의 움직임을 연결시키려는 것이다. 소리 전형을 추론하고, 소리를 가지고 놀고, 소리를 흉내 내는 것이 어우러져서 아이는 언어 신호를 해독한다.

다. 아기는 말뜻을 어떻게 학습하는가?

왜 아기는 성인들이 알아듣지 못하는 이상한 단어를 사용할까? 아기가 18개월이 되어 말을 하기 시작하면, 그들은 사물이 어떻게 나타났다가 사라지는지, 도구를 어떻게 사용하는지, 사물을 어떻게 범주화하는지에 대하여 많은 것을 알게 되고 이것에 흥미를 느낀다는 것을 알았다. 이러한 문제 해결의 변화와 아기의 초기 언어와 어떤 관련이 있다. 아기는 먹는 행동보다는 먹어서 없어지는 현상에 더 흥미를 느끼는 것으로 보인다. 그래서 영어를 쓰는 아기는 이상하리만큼 '없어진다'는 뜻인 'gone'이라는 단어를 많이 사용한다. 아기가 숨겨 둔 물건을 찾고 난 뒤 약 1주일 내지 2주일 전후로 'gone'이라는 단어를 쓰기 시작한다는 것은 이를 뒷받침해준다.

그리고 '사라진다'는 말과 그 개념도 동시에 나타나는 것 같다. 'gone'이 사물이 사라진다는 것과 관계있다면 'uh-oh'는 도구를 사용하는 아기의 능력과 관계가 있다. 앞에서 멀리 있는 장난감을 가져오기 위하여 갈고리를 어떻게 사용하는지에 대하여 언급한 적이 있다. 아기는 처음 'gone'이라는 말을 사용하여 무엇이 사라지는 것을 해결한 것처럼 'uh-oh'라는 말을 사용한 지 몇 주 후에 도구를 사용하기 시작하였다.

사물의 이름을 말하는 것도 세계를 이해하는 것과 관련이 있다. 앞에서 아기가 사물을 범주화하는 것을 학습한다는 것을 확인한 적이 있다. 아기는 여러 종류의 사물이 섞여 있을 때 그것을 분할하여 분류할 줄 안다. 이와 동시에 일찍부터 새로운 단어의 지도를 그리고 사용한다. 아기를 몇 주 만에만 봐도 갑자기 많은 사물의 이름을 사용한다는 것을 알 수 있다. 아기는 이때에 사물을 새로운 방식으로 분류하는 것을 배운다. 이처럼 아기는 모든 사물에는 이름이 있고 특정 범주에 속한다는 것을 안다.

도대체 여기에 무슨 일이 일어나는 것일까? 이것은 학생이 학교 수업을 듣고 배우는 것과 같다. 배우는 내용에 관심이 있으면 수업을 듣고 책을 읽는 등등 배우려고 노력한다. 포유동물을 배운다고 하자. 처음에는 소와 염소가 포유동물이라고 배운다. 학생은 소와 염소 이외에 다른 포유동물을 찾아본다. 학생이 사용하는 포유동물의 개념의 외연은 점점 넓어진다. 학생은 풀을 뜯어 먹고 사는 동물이 포유동물인 것처럼 생각한다. 그러나 좀 더 자료를 찾아보다가 호랑이와 사자도 포유동물이라는 것을 알게 된다. 그러나 아직까지 정확한 포유동물에 대한 의미는 파악하지 못하면서 이 학생은 포유동물이라는 용어를 사용한다. 그러던 어느 날 자료를 찾아보다가 물에 사는 고래도 포유동물이라는 얘기를 듣고 혼란에 빠진다. 나중에는 사람도 포유동물이라는 얘기를 듣게 된다. 이러한 많은 사례를 접하면서 학생은 포유동물은 사는 장소, 먹이 등과 관계없이 새끼가 어미로부터 젖을 먹는 동물이면 모두 포유동물이라는 것을 알게 된다. 아기들이 범주를 통해 의미를 알아가는 것도 이와 방식이 유사하다.

언어 문제를 해결하는 아기의 능력은 그들이 이미 외부 세계 문제를 해결하면서 발달시켜온 특정 개념과 밀접한 연관이 있다. 바깥 세상에 대하여 일관성 있게 의미를 알도록 해주는 기제가 있기 때문에 아기는 자신에게 들리는 말에 주의를 기울이게 되고 그 말을 어떻게 사용하는지를 알게 된다.

라. 엄마의 아기용 말투가 아기의 언어학습에 좋다

성인은 아기가 언어 문제를 해결할 때 필요한 제3의 요소이다. 성인은 아기에게 말할 때 약간 이상하게 말한다. 엄마는 성인에게 하는 말과 아기에게 하는 말의 방식이 다르다는 것을 안다. 목소리도 약간 이상하게 변한다. 엄마는 친구에게 말할 때에는 '교통문제 정말 심각해, 끔찍해. 근데 주차는 해야겠고 주차하는 데 시간이 걸렸어. 주차 요금 낼 잔돈이 없어서……' 식으로 그날의 일에 대하여 낮은 소리로 단조롭게 얘기한다. 그러고 나서는 곧 아기에게 팔을 벌리며 말을 건넨다. '안~~녕~ 아~가~야? 우리 아기~ 자~알 있었어?' 하는 식으로 말하면서 목소리와 얼굴에 기쁨이 넘쳐난다. '우우~(아기의 볼을 꼬집으며), 아가야, 눈~ 떠봐 응, 아이 귀여워. 엄마한테 한번 웃어봐, 엄마에게 파란 큰 눈~을 보여줘 응' 등으로 말한다.

아기에게 부모가 얘기하는 것을 들으면 누구나 이 목소리가 일자리를 구하기 위하여 면접할 때의 목소리와 다르다는 것을 안다. 아기에게 하는 목소리는 즐겁고, 흥분되고, 따뜻하고, 아기에게 완전히 빠져 현기증이 날 정도로 충만하다. 물론 이 상황이 아니라면 이 목소리는 너무나 우스꽝스럽게 들릴 것이다. 그러나 아기 앞에서는 누구나 이렇게 이상하고 들뜬 목소리를 낸다. 어머니, 아버지, 할머니, 할아버지 가릴 것 없이 마찬가지이다. 심지어 4살 된 형이나 언니도 동생들 앞에서는 이러한 목소리로 말을 한다.

아기는 이러한 말투를 좋아한다. 아기에게 무엇을 들을 것인지 선택권을 준다면, 아기는 엄마가 어른에게 하는 말투보다 아기에게 하는 말투를 선택할 것이다. 이것을 확인해보기 위하여 아기를 의자에 앉히고 아기용 말투와 어른용 말투를 들려주는 실험을 해보면 고개를 어느 쪽으로 돌리는지 알 수 있다. 이러한 실험 결과를 보면 아기가 좋아하는 것은 어머니가 사용하는 단어와는 상관이 없다는 것을 보여준다. 아기는 알아들을 수 없는 외국어로 말을 하거나 컴퓨터 기법을 사용하여 소리를 여과하여 목소리의 고저만 있도록 하여 들려주어도 아기는 아기용 말투를 선호한다. 아기가 엄마의 아기용 말투를 좋아하는 이유는 어머니가 말을 하는 방식보다 소리 나는 방식 때문이다. 아기용 말투는 일종의 위로의 말이다. 이런 식의 말투는 성인도 좋아한다. 대학원생에게도 외국어로 아기용 말투를 녹음하여 들려주면 학기말 시험의 스트레스를 해소하는 데 효과가 있다. 엄마의 목소리는 아기에게 청각적인 갈고리와 같다. 그것 때문에 아기의 주의를 끌고 아기는 자신에게 말하고 있는 사람에게 초점을 맞춘다.

컴퓨터로 정교하게 음성 분석을 해보면 성인이 아기에게 어떻게 말하는지 정확히 알 수 있다. 목소리의 높이가 극적으로 올라간다. 가끔 한 옥타브 이상 올라가기도 한다. 억양은 운율적이고 노래를 하는 것 같다. 어조는 서서히 느려지고 커지면서 길어진다. 엄마가 하는 아기용 말투는 일반적인 말투와 같다. 모든 문화권에 속한 사람들은 아기 앞에서는 아기처럼 말을 하는데, 일부 사람들은 자신이 그렇게 말하는 것을 인식하지 못한다. 엄마가 한 아기용 말투를 녹음하여 들려주면, 그들은 자신이 그렇게 말했을 리 없다고 한다. 정말 자신이 그렇게 말했는지 묻기도 한다. 엄마는 무의식적으로 이러한 말을 한다.

왜 우리는 그러한 말투를 하는가? 단지 아기의 주의를 끌기 위해서인가? 아니면 애정을 표현하고 위안을 주기 위해서인가? 아니면 더 명백한 목적이 있는 것인가? 그러나 이러한 말투는 우리가 아기의 주의를 끌기 위하여 사용하는 달콤한 유혹의 말 이상의 것이라는 사실이 드러났다. 엄마의 아기용 말투는 사실 아기의 언어 문제를 해결하는 데 도움이 되는 것 같다. 엄마의 아기용 말투의 문장은 성인들에게 하는 말보다 훨씬 짧고 단순하다. 더욱이 아기에게 말할 때 약간의 변화만 줄 뿐 같은 말을 계속 되풀이한다. 예를 들면 "넌 참 예쁜 아이야, 그렇지? 너는 예쁜 아기지? 오 예쁜, 정말 예쁜 아기" 등으로 말한다. 어른들이 사용하는 아기용 말투는 아기 자신이 하는 말의 단어와 문법을 이해하는 데 도움이 된다는 데 그 특징이 있다.

그러나 아기용 말투가 아기의 학습에 도움이 된다는 가장 확실한 증거가 되는 연구를 보면 길게 잘 구성된 자음과 모음이 특히 말소리의 분명한 예라는 것을 알 수 있다. 엄마나 그 밖의 보호자는 연인일 뿐 아니라 교사이기도 하다. 이들은 아기에게 말할 때가 성인에게 말할 때보다 무의식적으로 소리를 좀 더 분명하게, 좀 더 정확하게 발음하려고 한다. 엄마가 어른에게 '출발'이라고 말할 때에는 약간의 파생음이 있고 대충 말한다. 그러나 똑같은 단어라도 아기에게 할 때는 '추울~ 발'이 되어 발음도 좋고 분절도 분명하다. 이렇게 하면 아기는 성인이 사용하는 말을 더 파악하기 쉽다.

사실 성인들도 자신이 사용하는 말의 특징에 아기용 말투를 적절하게 적용하기도 한다. 나라마다 엄마의 아기용 말투에는 차이가 있다. 스웨덴 엄마나 영국 엄마는 평소 성인들과 대화할 때보다 모음을 더 분명하게 발음한다. 그래서 아기가 말의 올바른 전형을 유추하는 데 필요한 소리의 넓은 음역과 다양한 종류의 소리를 제공해 준다. 아기는 엄마의 아기용 말투를 통해서 말소리를 배우기 때문에 이렇게 말해주는 것은 특히 중요하다. 만약 아기용 말투가 단지 매력적이거나 편안한 소리에 지나지 않는다면 아기가 언어를 학습하는 데 별로 중요한 역할을 하지 않을 것이다. 더욱이 이러한 말투는 아기 자신의 특정 언어 문제를 해결하도록 해준다.

아기를 연구한 결과를 보면 성인의 말하는 능력이 노력하지 않는 본능적인 것처럼 보일지 모르지만 사실 그것은 많이 학습된 결과라는 것을 알 수 있다. 이러한 주장에는 논란의 여지가 없고 언어 학습에 선천적 요인이 있다는 주장에도 논란의 여지가 없다. 핵심은 언어라는 것은 자연과 양육, 선천적 지식과 학습의 각각의 산물이 아니라 양자가 불가피하게 맞물려 상호작용한 결과라는 것이다. 선천적으로 물려받은 것이 있기 때문에 아기는 강력한 학습 기제를 사용할 수 있는 것이다. 아기가 태어날 때부터 소리를 구분할 수 있기 때문에 부모에게 들은 말에 비추어 다른 말의 차이를 재인식하고 재형성하는 것이다. 아기가 자신의 세계를 조직하고, 새로운 방식으로 그 세계를 알고자 하는 욕구가 있다. 이 때문에 아기는 새로운 말을 학습하고 그 말의 의미를 찾고자 하는 동기가 생기는 것이다.

언어학자들은 아기는 태어날 때부터 알고 있는 것이 있고, 이것을 더 많은 것을 학습하는 토대로 삼는다고 본다. 언어 학습과 과학 이론 수립은 여러 면에서 다른 점도 있지만 공통적으로 이러한 점이 포함되어 있다. 과학자 역시 현재의 이론을 새로운 이론을 형성하는 기초로 사용한다.

제5장

아기 마음에 대하여 알게 된 사실

신생아가 알고 있는 것은 1살 아기나 세 살짜리 아기가 다 알고 있는 것과는 아주 다르며, 아기는 어렵기는 하지만 중요한 문제를 해결할 수 있는 능력을 갖추고 있다는 것 등에 대하여 앞에서 알았다. 아기는 타인도 마음이 있고, 이 세상은 자신의 주관적 경험과 상관없이 존재하며, 말은 의미가 있다는 것을 안다. 이러한 것들은 어려운 문제이다. 우리는 아기가 어떻게 학습하는가보다는 무엇을 학습하는가에 대하여 더 많이 알고 있다. 학습의 기제는 학습 문제마다 상당히 다르다. 말소리가 어떻게 나는지를 이해하는 것과 사물이 어떻게 움직이는지를 이해하는 것은 아주 다르다는 것을 우리는 이미 알고 있다.

　아기가 각 연령에서 무엇을 알고 있고 어떻게 더 많은 것을 학습하는지에 대하여 더 구체적이고 세밀한 이론을 구축할 필요가 있다. 이러한 일은 고된 과학적 일이며, 어느 과학자도 이러한 문제의 일부만 해결할 수 있다. 과학자는 어쩌면 6개월 된 아기가 소리에 대해 알고 있는 것, 1살 된 아기가 사물에 대하여 알고 있는 것을 아는 데에만 일생을 바쳐야 할지 모른다. 다양한 주제, 나이, 특정 이론을 살펴보면 일부 공통적인 기본 개념을 확인할 수 있다. 이러한 세부적인 개념에 대해서는 분명히 논쟁의 여지가 있다. 아기가 어떻게 학습하는지에 대해서는 학자들마다 주장이 다를 수 있다. 그러나 모든 구체적인 과학적 사실을 종합해 보면 하나의 큰 모습이 나타날 것 같기도 하다.

1. 뇌의 프로그램은 진화되고 있다

인간의 뇌는 진화에 의해 생겨난 생물학적 컴퓨터와 같기 때문에 아기는 오래전부터 인간이 품어온 의문을 풀 수 있다. 이러한 생각은 현재 완전히 별개인 것처럼 보이는 세계에 대한 지식과 우리의 뇌를 연결시키는 최선의 방법이다. 어떻게 물체인 뇌가 사물을 사고하고, 추리하고, 알 수 있게 되는가? 이 의문에 대하여 오래전에 데카르트가 말하기를 세상에는 근본적으로 서로 다른 두 가지 종류, 즉 바위, 나무, 물체와 같은 물리적인 것과 영혼, 마음과 같은 정신적인 것이 존재한다는 것이다. 인간은 물질로 이루어진 신체와 비물질로 이루어진 마음의 결합체이다. 어떤 철학자는 이러한 생각을 "기계 속에 유령이 들어 있다"는 것으로 표현하였다. 과학의 관점에서 보면 마음은 나무 책상처럼 물질세계의 일부에 지나지 않는다. 나무 책상과 같은 물체는 사고하거나, 추리하거나, 무엇을 알거나 할 수 없는데, 인간이라는 물체는 어떻게 하여 이러한 것을 할 수 있는 것인가?

컴퓨터는 말뿐만 아니라 형상적으로도 마음과 책상의 중간 위치에 존재한다. 책상처럼 물체이지만 정신 능력을 일부 가지고 있다. 목록을 알파벳순으로 정렬하고, 장기도 둘 수 있고, 복잡한 통계도 할 수 있다. 만약 강력한 전문 컴퓨터 시스템과 연결하면 질병을 진단하거나 화성에 있는 암석도 분석할 수 있다. 컴퓨터는 어떻게 이러한 일을 할 수 있는가? 컴퓨터는 단지 몇 파운드의 실리콘과 플라스틱으로 이뤄진 것에 불과하며, 몇 파운드의 인간의 뇌도 몇 파운드의 산소, 물, 회백질로 된 것에 불과하다. 중요한 것은 컴퓨터의 구성 물질이 아니라 컴퓨터의 조직하는 방식이다.

컴퓨터는 프로그램이 작용하기 때문에 목록을 정렬하고 장기를 두고 방정식을 풀 수 있다. 프로그램은 컴퓨터의 실행을 결정한다. 프로그램은 궁극적으로 정보를 받아들이고 그것을 일련의 상징기호로 바꾼다. 여기에는 상징을 조작하고 재배열하기 위한 규칙이 있다. 인지과학자들은 종종 이러한 내적 상징을 '표상'이라고 한다. 워드프로세서 프로그램은 어휘와 문장이 표상하는 상징을 조작하는 것이다.

인지과학의 기본 개념은 인간의 뇌는 아주 강력한 프로그램을 실행하기 때문에 사고하고, 추리하고, 알 수 있다는 것이다. 뇌는 눈과 귀로 들어오는 광파와 음파를 받아들여 체계적으로 변형시키고 재배열한다. 뇌는 이러한 정보를 규칙에 따라 추상적 표상으로 변형시키고 이 변형된 표상이 우리가 경험하고, 말하고, 행동하는 것으로 나타난다.

인간이 나무나 책상과 다른 점은 인간은 세포로 만들어지고, 책상은 나무로 만들어져 있다는 데에 있는 것이 아니라, 컴퓨터가 전자회로로 구성되어 있는 것처럼, 인간의 뇌도 세포로 구성되어 있으며, 이것이 특별한 방식으로 작용하도록 조직되어 있다는 데 있다. 프로그램은 지식의 문제와 관련이 있다. 프로그램은 모든 유형의 투입을 받아서 모든 유형의 산출로 바꿀 수 있다. 어떤 프로그램은 입력과 출력 간에 특정한 관계가 있다. 예를 들면 비디오 영상을 받아서 그 영상을 서술하도록 해주는 것도 있고, 질병의 증상과 진단 목록을 받아들이는 것도 있다. 화성 탐사선이 수집한 전기자기장의 스펙트럼을 받아서 암석에 함유된 광물질을 분석해내는 것도 있다. 모든 프로그램들은 이 세상에 실존하는 사물이나 현상을 입력한 것을 더 정교한 사물의 모습으로 표상하여 생성해낸다. 인간은 이 표상을 통해 사물이나 질병, 또는 암석의 광물 구성을 구체적으로 알 수 있게 된다.

만약 이러한 시스템이 표상을 제대로만 해주면 정확한 예측을 할 수 있는 산출이 생성된다. 예를 들면 컴퓨터의 영상 시스템이 사물의 정확한 표상을 할 수 있다면 사물이 움직일 때 어떤 일이 발생하는지 예측할 수 있고, 진단 프로그램이 질병을 정확하게 진단하면, 환자가 특정 치료를 받을 때 어떠한 일이 일어날지를 예측할 수 있게 된다. 지질학 프로그램으로써 암석의 광물 구성 성분을 분석해낼 수 있다면, 암석에 특정 화학검사를 했을 때 어떤 일이 일어날 것인지 예측할 수 있다.

이러한 프로그램을 사용하여 인간이 지식을 습득하는 것과 같은 지식의 문제를 해결할 수는 없는 것일까? 컴퓨터 학자가 된 어떤 철학자는 이러한 프로그램을 설계하는 것을 로봇 인식론이라고 하였다. 이와 같은 프로그램은 설계가 아주 복잡하고 어렵다. 그러나 아무리 이러한 프로그램에 의하여 산출된 영상이 좋다 하더라도 인간이 그 대상을 직접 보는 것만 못하고, 병을 진단하고 암석을 분석하는 프로그램 역시 해당 분야의 전문가가 하는 것만 못하다. 그러나 이러한 프로그램은 개발되어 왔고 아주 유용하게 쓰이고 있다. 인지과학자들은 인간은 이와 같은 프로그램을 가지고 있으며 현존하는 어떤 컴퓨터 프로그램보다 강력하다고 생각한다. 인간의 뇌는 세상의 실존 사물을 거의 정확하게 입력한 것을 표상하도록 진화해왔다. 이러한 프로그램들은 컴퓨터와 거의 똑같은 이점을 제공해준다. 즉 세상이 어떻게 변할지 예측 가능하도록 해주고, 그것에 따라 효과적으로 행동하도록 해준다. 뇌의 프로그램들은 지식 문제를 자연스럽게 해결해준다.

2. 아기는 뇌의 컴퓨터 프로그래머이다

컴퓨터 학자가 하는 일은 컴퓨터가 사고와 앎이라는 재주를 부리는 프로그램을 개발하는 것이다. 이들은 바르게 정보만 입력만 하면 바르게 산출되도록 프로그램을 짜는 데 관심을 기울인다. 그러나 인지심리학자들은 이들과는 약간 다르고 더 어려운 일을 해야 한다. 인지심리학자들은 기술자라기보다는 고고학자에 가깝다.

어떤 공상 과학 영화가 있다. 한 인간이 놀랄 만한 생물적 계산 능력이 있는 기계가 살고 있는 어떤 혹성에 착륙했다. 이 기계는 인간보다 훨씬 더 강한 어떤 존재에 의하여 아주 오래전에 만들어졌다. 이 기계는 놀랄 정도로 진보된 기술을 사용한다. 그러나 이 기계가 어떻게 작동하는지에 대해서 알 수 있는 어떤 설명서나 배선도도 없다. 인간이 이 기계 장치의 작동방법을 알아낼 수 있는 방법은 무엇일까? 한 가지 방법은 그 장치를 분해하여 그 내부를 관찰하는 것일 것이다. 다음 장에서 보게 되겠지만 신경과학자들이 이 일을 하기 시작했다. 또 하나 할 수 있는 일은 그 장치를 실행시키고 있는 프로그램을 이해하는 것이다.

인간은 그동안 아기는 사고하거나, 추리하거나, 무엇을 알 수 없는 존재로 생각했다. 그것은 마음에 대한 생각의 방식 때문이었다. 인간은 마음을 가지고 있지만 말을 하지 못하는 사람은 마음이 없다고 확신하는 경향이 있었다. 인간은 3살 이전에 있었던 일을 거의 기억하지 못한다. 그래서 아기가 어떠한지를 알 수 없다. 아기와 대화할 수도 없다. 이 때문에 아기는 사고하지 않으며 우리 자신도 어렸을 때에는 사고하지 않았다고 생각한다. 사고한다는 것을 계산하는 것과 동등하게 취급하여 컴퓨터가 사고할 수 있는 것으로 간주한다면 컴퓨터보다도 더 복잡한 뇌를 가진 아기는 당연히 사고한다고 봐야 한다.

우리는 아기가 실행하는 프로그램에 대해 무엇을 알고 있는가? 프로그램에서는 어떠한 유형의 표상과 규칙을 사용하는가? 우리는 여전히 이러한 시스템의 작동법에 대하여 잘 알지 못한다. 그 이유는 아기는 컴퓨터와는 아주 다른 방식으로 작동하기 때문이다. 그러나 우리는 아기가 가지고 있는 프로그램의 대체적 윤곽은 다음과 같이 알고 있다.

아기는 세상에서 얻은 정보를 복잡하고, 추상적이고, 일관되게 표상하고, 이것을 통해서 특정한 방식으로 자신의 경험을 해석하고 새로운 사건에 대하여 예측한다. 이러한 것을 가능하게 해주는 강력한 프로그램은 이미 태어날 때부터 가지고 있다. 여기에 아기가 경험을 하면 이것은 초기에 표상한 것을 더욱 풍부하게 해 주고, 수정해 주고, 재조직하게 해 주고, 재형성시켜 주고, 때로는 대체해 주어서 초기의 표상한 것보다는 더 발전된 표상이 되도록 해준다. 아기가 입력을 많이 하면 할수록 그것을 번역하고, 조작하고, 재배열하는 규칙 역시 변한다. 단일의 프로그램이 아니라 점차 연속적인 프로그램으로 변환된다. 아기는 이 과정에서 스스로 탐색하고 실험하는 능동적 역할을 한다. 즉, 아기는 스스로 프로그램을 재구성하는 것이다. 타인특히, 아기를 양육하는 사람은 자연적으로 아동의 표상과 규칙 변화를 증진시켜 주는 방식으로 행동을 한다. 대부분 그들은 무의식적으로 이러한 일을 하며, 이들 역시 아기 스스로 프로그램을 재구성하는 것을 도와주도록 프로그램 되어 있다.

3. 연구 결과는 아기가 놀라운 능력의 소유자라는 것을 보여준다

30년간의 발달 연구 결과 가장 놀라운 새로운 사실은 아주 어린 아기도 많은 것을 알고 있다는 것이다. 오래전이기는 하지만 우리는 신생아는 대뇌피질이 없기 때문에 단순한 자율반사 행동만 하는 것으로 알았다. 피아제도 신생아는 오직 반사 행동만 하는 것으로 생각했다. 그래서 이러한 단순한 피조물을 연구할 가치가 없다고 생각한 것은 그리 놀랄 만한 일이 아니다. 영아는 1970년대에 와서야 학문적 탐구영역이 되었다. 1978년 아기 연구의 첫 국제회의는 작은 호텔 회의실에서 열렸다. 영아에 대한 모든 새로운 연구 결과는 아무리 방법을 엄격하게 적용하여 발견한 사실도 수용하지 않으려는 학문의 풍토 때문에 상당히 불신을 받았다. 신생아가 사고하고, 믿고, 학습하고, 무언가를 알 수 있다는 생각은 거의 수용되지 않았다.

이러한 배경에는 그동안 철학자들이 아기의 마음에 대하여 가졌던 회의적 태도가 영향을 주었다고 볼 수 있다. 아주 어린 아기는 별로 행동하는 것이 없는 것처럼 보인다. 그래서 아기의 마음을 탐색하기 위해서는 특수한 기법이나 영상 기술 같은 것이 필요했다. 더욱이 아주 어린 아기는 눈에 친숙하면서도 그들의 행동을 인간의 눈으로 볼 수 없는 경우가 많다. 많은 여성들이 과학자가 되고, 남성 과학자들이 어린 아기를 많이 양육하기 시작하고, 녹화 기술이 가능하게 되면서 아기에 대한 관심이 높아졌다. 이 때문에 아기는 '덜 우는 당근'으로 보이게 되었다. 어린 아기를 양육하는 사람은 아기도 사고를 한다는 주장을 과학자들은 당초에는 무시하였다. 그러나 과학자이면서 아기 양육자가 주장하고 비디오로 녹화한 증거를 가지고 주장하는 것에 대해서는 무시하기 어려웠다.

가장 큰 역사적 영향력이 무엇이든 간에 과학이 치른 전쟁은 치열했지만 지금까지 대부분 승리했다. 사회학적 시대 사조가 승리에 공헌하였으나 진정한 무기는 친숙한 과학적 방법, 즉 세심하고 정확한 실험, 반복 실험연구, 훌륭한 논의, 그리고 이것을 다음 세대로 전수한 것이었다. 이제 국제 유아발달학술회의는 대회의실에서 개최되고, 수많은 연구학술지와 단체가 아기 발달 연구에 참여하고 있다. 생각하는 듯한 모습의 아기 사진이 타임지나 뉴스위크지 표지모델로 나오고, 뉴욕타임스의 과학 면에도 소개되었다. 이제 아기는 태어날 때 반사 행동과 고정된 자극 반응만 한다고 믿는 과학자는 거의 없다.

컴퓨터 프로그램이 상징하는 방식으로 바깥 세계를 표상하듯이 아주 어린 아기도 이 세계에 대하여 표상을 한다. 바깥세계로부터 광파와 음파를 받아서 아주 다른 유형의 표상으로 변형시키는 규칙을 가지고 있으며, 그것이 아기의 표정, 몸짓, 행동으로 나타난다. 컴퓨터 프로그램도 각각의 고유한 표상과 규칙이 있듯이 아기도 표상과 규칙이 있다.

아기의 표상은 풍부하고 복잡하다. 이미 살펴본 바와 같이 아기의 표상에는 자신의 얼굴이 타인의 얼굴과 얼마나 유사한지, 어떻게 사물이 움직이는지, 그리고 말소리가 어떻게 분할되는지에 대한 생각이 포함되어 있다. 어린 아기의 세계는 단순하지 않다. 아기는 자신의 눈과 귀를 통해 들어오는 투입을 생생한 얼굴 표정과 복잡하고 운율적인 목소리를 지닌 사람들로 가득 찬 세상으로 바꾸어 놓는다. 아기의 표상 역시 추상적이다. 그 표상은 즉각적 감각 자료를 초월한다. 대부분의 이런 초기의 표상은 다양한 감각에서 오는 정보와 연결된다. 즉, 혀로 느끼는 것과 눈으로 보는 것이 연결되고, 공이 튀는 것과 튀는 소리가 연결되며, 입이 벌어진 모양과 '아' 소리가 연결된다. 표상은 보다 심오한 방식으로 감각을 초월한다. 표상은 얼굴 표정을 감정으로 바꾸어준다. 2차원의 영상을 3차원의 물체로도 바꾸어주며, 계속적으로 흐르는 소리를 받아서 분할하여 구체적 말소리로 변환시킨다. 신생아조차 자신의 눈과 귀를 통해 들어오는 자료를 가지고 아주 다른 표상을 한다. 아동의 세계는 단순하지 않은 것이 아니라 구체적이지 않은 것이다. 이미 아기는 피부 아래에 있는 영혼을 보며, 말에 숨겨져 있는 감정을 듣는다.

이러한 표상과 규칙 때문에 어린 아기는 자신에게 일어난 일을 해석한다. 즉 어떤 것에는 주의를 기울이고 어떤 것은 무시한다. 아기는 특히 얼굴과 목소리에 주의를 기울인다. 그러다가 며칠 지나면 친숙한 얼굴과 목소리에 특히 주의를 기울인다. 처음에는 움직이는 사물에 주의를 기울이지만 사물의 모양, 색깔, 구조에는 덜 기울인다. 그러다가 나중에는 사물의 각종 특징에 더 많은 관심을 갖는다. 처음에는 소리의 변화에만 관심을 갖지만 나중에는 흥미를 한번 끌었던 소리의 변화에 대해서는 더 이상 관심을 갖지 않는다.

마지막으로 표상과 규칙 때문에 아기는 앞으로 새롭게 일어날 일에 대해서 기대를 하고 예측까지 할 수 있다. 현재의 사건에 대한 정보를 얻게 되면, 앞으로 일어날 사건에 대하여 표상을 할 수 있다. 가림막 뒤로 장난감 자동차가 사라지면 가림막 가장자리를 보면서 뭔가 나타날 것이라고 기대한다. 아기가 애교를 부릴 때에는 자신이 낸 소리에 어른이 대응해줄 것이라고 기대하고 입을 벌리면 '아' 소리를 들을 것이라고 기대한다. 아기는 자신의 예측이 틀리거나 기대가 어긋났을 때에는 독특한 방식으로 반응한다. 장난감 차가 기대했던 모습으로 나타나지 않으면 갈등을 겪는다. 기분이 좋았다가도 냉담한 얼굴을 보면 스트레스를 받는다. 아기의 세계가 단순하지도 구체적이지도 않은 만큼 '여기 지금'에 국한하는 것도 아니다. 아무리 어린 아기라도 과거에 일어난 일을 기억할 수 있고, 미래에 일어날 일을 예측할 수 있다.

철학자와 심리학자들을 항상 당혹케 하는 문제는 인간이 이 세상을 이해하기 위해서 가공하지 않고 소화되지 않은, 즉 혼란이 생겨 웅성거리는 듯한 감각 재료를 받아서 어떻게 이 세상을 이해하는가? 하는 것이었다. 아기를 통해 얻을 수 있는 답은 인간은 결코 가공되지 않은 재료를 다루는 것이 아니라는 것이다. 인간은 애당초부터 세상을 이해할 수 있고, 무엇이 중요한지 선택할 수 있으며, 무엇을 기대해야 하는지를 안다는 것이다. 인간은 태어나면서부터 광파와 음파를 사람, 사물, 언어로 변화시킬 수 있는 프로그램을 가동할 수 있도록 되어 있는 것이다.

4. 아기는 빠르게 학습하는 존재이다

한 세대에서의 혁명은 다음 세대에서는 전통이 된다는 것은 정치뿐만 아니라 과학에서도 사실이다. 아기가 처음부터 많은 것을 알고 있다는 생각이 이미 널리 받아들여지고 있으므로, 아기가 모르는 것이 많다는 것과 많고 많은 것을 학습한다는 생각은 아주 급진적인 생각처럼 여겨질 수 있다. 아기가 어떻게, 얼마나 많은 것을 학습하는지에 대해서는 논쟁의 여지가 많다.

학습에 관한 한 인간인 생물적 컴퓨터는 인간이 만든 컴퓨터와는 아주 다르다. 어린 아기의 초기 프로그램은 놀라울 만큼 정교하다. 특히 그 강력한 소프트웨어가 쓸모없는 패키지에 들어 있다고 생각할 때 그러하다. 신생아가 할 수 있는 것 중에는 현재의 컴퓨터를 능가하며 가장 진보적인 인식 로봇의 능력도 능가하는 것이 많다. 더욱 놀라운 것은 아기의 초기 프로그램은 자동적으로 강력하고 정확한 프로그램으로 변환된다는 것이다.

3개월 된 아기의 프로그램은 1세 아기와 4세 아기의 것과는 분명히 다르다. 똑같은 내용을 3개월 된 아기와 4세 된 아기에게 입력하면 전혀 다른 결과가 나온다. 3개월 된 한국 아기에게 'r' 소리를 점차 'l' 소리로 변조하여 들려준다면 두 소리를 구별하지만, 1세가 되면 같은 소리로 듣는다. 14개월 된 아기에게 금붕어 과자를 먹고 메스꺼워하는 모습과 브로콜리를 먹고는 즐거워하는 모습을 보여주면 아기는 당신에게 금붕어 과자를 줄 것이다. 그러나 18개월 된 아기는 당신에게 브로콜리를 줄 것이다. 연필이 들어 있는 속임수 사탕 상자를 본 3살 된 아기는 "민수는 그 안에 사탕이 들어 있다고 생각할 거예

요"라고 말한다. 4살 된 아기라면 민수가 사탕이 들어 있는 것으로 잘 못 알고 있다고 말할 것이다.

　3개월 된 아기, 1세 된 아기, 4세 된 아기는 동일한 사건을 보지만 그 사건에 대한 생각은 아주 다르다. 이들은 광파와 음파를 서로 다르게 표상하고, 표상을 하기 위한 규칙을 서로 다르게 사용한다. 아기는 입력한 자료에서 결과를 도출하는 데 하나의 고정된 프로그램만 가지고 있는 것이 아니다. 아기는 하나의 프로그램을 사용하다가 더 강력한 다른 프로그램으로 전환한다. 이 때문에 아기와 컴퓨터는 아주 다른 것이다.

　이러한 변화를 어떻게 설명할 수 있을까? 한 가지 설명 가능한 것은 애벌레가 자라서 성충 나비가 되고, 인간이 자라면서 가슴과 수염이 발달하여 청소년이 되는 것처럼, 그 변화는 아기가 성장한 결과에 불과할지도 모른다. 이러한 변화에는 어떤 성숙 시간표에 따라 전개되는 발생적 청사진이 들어 있을지 모른다. 거짓 믿음을 이해하기 위한 아기의 프로그램은 12세가 되었을 때 젖가슴이 나오는 것처럼 아기가 4세일 때 나타나는 현상일 수도 있다. 애벌레가 나비가 되는 법을 학습한다고는 생각하지 않는다. 이와 마찬가지로 아기가 젖가슴을 갖는 방법을 학습한다고 생각하지 않는 것처럼 아기가 거짓 믿음에 대해 학습한다고 생각하지 않는다. 또 다른 가능성은 인간은 세상에 관한 정보를 많이 받아들임으로써 세상에 대한 생각을 바꾼다는 것이다. 인간은 많은 정보를 입력하여 축적한다. 이때 일부 입력된 자료를 다른 자료와 연결시킨다. 저녁 식사 종소리가 나고 음식이 나오면 잠시 후에 종소리와 음식을 연결시킨다. 실험자의 질문에 대답을 하고 칭찬을 받으면, 잠시 후에 그와 같은 대답을 하려고 한다. 아기는

입력된 자료를 서로 관련시키고, 이러한 특별한 방법으로 산출과도
연결시킨다.

가. 아기는 어떤 능력을 가지고 어떻게 발달하나?

이러한 생각이 발달적 사실을 정당화해 준다고는 생각지 않는다.
아마도 이것은 성숙프로그램의 일부분일 것이다. 아기는 투입된 것끼
리 연합하고, 투입과 산출을 연합하여 뭔가 학습하지 않을까 생각한
다. 그러나 전부 그렇다거나 대부분 그렇다고 말할 수는 없다. 아기를
관찰해 보면 애벌레에 비유하는 것도 저녁 식사 종소리에 비유한 것
도 맞지 않다는 것을 알게 된다. 발달심리학에서는 아기가 세계를 이
해하는 것이 어떻게 변하는가에 대해서는 서로 이론이 다르며 성숙
과 경험 간의 균형에 대해서도 주장이 다르다. 사람, 사물, 단어에 대
한 아기의 개념은 생후 3년 동안에 급격하게 변한다고 본다. 이러한
변화는 아기가 세계에 대해서 알게 되기 때문이다. 이미 말한 바와
같이 아기는 세계에 대하여 아주 복잡하고, 추상적이며, 올바른 표상
과 그 표상을 다룰 규칙을 가지고 있다. 아기는 표상과 규칙을 사용
하여 경험한 바의 의미를 안다. 또한 세계가 어떻게 변할 것인지에
대하여 예측하는 데도 그러한 표상과 규칙을 사용한다.

일단 표상과 규칙을 사용하고 나면 경험한 것과 예측한 것을 비교
할 수 있게 된다. 여기에서 불일치가 생기게 되면 표상과 규칙을 수
정한다. 아기가 새로운 형태를 경험하면 새로운 표상과 규칙을 생성
하여 그 형태를 파악하게 된다. 종종 아기는 한 번에 많은 표상과 규
칙을 바꾼다. 새로운 표상과 규칙으로 인해 새로운 경험과 예측을 하

게 되고, 그래서 어떤 개념을 생성하고 확인하는 과정이 다시 반복된다. 우리가 경험한 것과 이미 우리가 세계에 대해 이미 알고 있는 것이 상호작용하여 지식이 생성되고, 이 때문에 다시 새로운 경험을 하고 새롭게 예측하고 검증한다. 이러한 과정을 통해서 결국 지식은 많이 생성된다.

어떤 철학자는 지식을 수선하고 다시 만들면서 타고 다니는 배에 비유했다. 율리시스는 30년간 계속해서 항해하기 위해서 자신이 타고 있던 배를 지속적으로 수선하고 다시 만들어야만 했다. 새로운 폭풍을 만나거나 고요해질 때마다 배의 설계를 변경해야 했다. 여정이 끝날 무렵에는 당초의 배의 모습은 간 곳이 없었다. 이 이야기는 인지 발달에 대한 우리의 관점을 상징한다. 우리는 세계에 대한 많은 신념을 가지고 출발한다. 그 믿음 때문에 주변에서 일어나는 일을 이해하고 행동한다. 즉, 자신의 방식대로 항해를 한다. 그러나 그렇게 하면서 새로운 정보를 얻어 자신의 믿음을 변화시키고, 그럼으로써 새로운 방식으로 이해하고 행동하게 된다.

우리는 많은 아동 발달 영역에서 이러한 종류의 변화를 본다. 아기는 자신의 감정을 타인을 표현하는 것과 연결시킨다. 그렇게 연결함으로써 아기는 모방하고 즐거워하고 자신과 부모를 기쁘게 하고 친숙하고 낭만적인 분위기에 휩싸이도록 한다. 그러나 이러한 초기의 표상은 아기가 세계에 대해 더 많이 이해하게 되면서 변한다. 18개월이 되면 아기는 사람과 사물을 통합하는 모습이 더 복잡해진다.

아기는 사람들의 비슷한 점뿐만 아니라 다른 점에 대해서도 뭔가 이해한다. 이 때문에 아기는 친숙한 천재가 되기도 하고 고집스러운 괴물이 되기도 하고, 동정 많은 천사가 되기도 한다. 3세나 4세가 될 때까지 이러한 표상은 한번 이상 수정된다. 아기는 사람들이 세상에 대하여 생각하는 것에서 사람들의 행위를 설명하기 시작하고, 사람들은 이 세상에 관하여 서로 다른 것을 생각할지도 모른다는 것을 발견하게 된다. 결과적으로 이렇게 발견하게 됨에 따라 아기는 남을 속이기도 하고, 회의적 생각을 할 수 있는 새로운 능력을 가지게 되며, 또한 타인의 관점을 진정으로 이해하는 능력을 가지게 된다.

아기는 자신의 마음과 타인의 마음 간에 유사점이 많다고 믿기 시작한다. 이러한 믿음 때문에 타인의 마음의 문제를 갑자기 해결하려고 달려든다. 그러나 생후 3년 동안에는 사람들의 말과 행동 간의 차이를 관찰한다. 이러한 차이는 모든 사람의 마음은 완전히 같지 않다는 사실에서 비롯된다. 아기는 엄마가 전등의 전선에 손을 대지 못하게 하거나 형제들이 완전히 틀렸다고 말해줄 때 특히 관심을 가지고 지켜보고 듣는다. 이러한 새로운 증거 때문에 아기는 처음에 자신이 가지고 있던 믿음을 수정한다.

아기는 공간은 삼차원이며, 사물은 예상할 수 있는 방식으로 움직인다는 것을 알기 시작한다. 아기는 사물에 접근했다가 물러서기까지 한다. 18개월이 되면 아기는 주변에 있는 사물을 살펴보다가 조작하고, 까꿍 놀이를 하고, 사물을 분류하면서 사물이 새로운 방식으로 움직인다는 것을 알게 되며, 자신이 본 것을 어떻게 설명할지를 찾는다. 아기는 움직이던 삼차원의 물체가 아무리 사라져도 그것은 계속 존재하며, 모든 사물은 각 범주에 소속된다는 것을 알게 된다. 3, 4세가 되면 새끼 고양이가 커서 어미 고양이가 되는 것을 이해하기 시작하듯이 처음 가졌던 이러한 범주는 생물학에서의 종의 범주로 바뀌고 '자연물의 종류'로 바뀌게 된다.

아기는 말소리 간의 차이를 모두 구별한다. 세계 시민처럼 미국의 신생아는 영어소리뿐만 아니라 아프리카 소리도 구분한다. 12개월이 되면 모국어 소리를 반복적으로 듣게 되면서 자신이 사용하는 언어의 소리 범주가 반영된 새로운 표상을 한다. 1세 된 미국 아기는 더 이상 한국말의 범주를 구별하지 못하지만 영어의 소리 범주는 잘 구별할 수 있게 되고 영어 옹알이를 할 수 있게 된다. 어떤 경우이건 아기 자신이 이미 생각하고 있는 사물은 다음 발달 내용에 영향을 준다. 아기는 자신이 어떤 일에 관여하고, 해결해야 할 문제가 무엇이고, 해야 할 실험이 무엇이며, 무엇을 들을 것인지를 결정한다. 그러고 나서 자신이 학습한 측면에서 자신의 생각을 바꾼다.

아기는 인간이 만든 컴퓨터에는 부족한 또 다른 능력을 가지고 있다. 아기는 뭔가를 할 수 있다. 아기는 세상에 대하여 수동적으로 학습할 때도 있지만 능동적으로 개입할 때도 있다. 1세 된 아기는 새로운 고무 오리를 입에 대고 튜브로 바람을 불어 넣고는 물에 던져 넣는다. 이 모든 행동에 대해서 아버지가 어떻게 반응하는지 지켜본다. 발달에 대한 우리의 핵심적 생각은 아기가 자신의 주변에서 일어나고 있는 여러 가지 형태를 찾고, 가설을 검증하고, 설명을 하는 데 참여한다는 것이다. 아기는 단지 진화에 의하여 결정되거나, 환경에 의하여 형성되거나, 어른들에 의해 만들어지는 뚜렷한 형체가 없는 액체 방울 같은 것이 아니다.

제3장에서 아기는 자신의 주변에서 일어나는 일을 어떻게 알고 싶어 하는지에 대하여 언급한 바 있다. 아기에게는 뭔가를 설명하고 싶어 하는 일종의 동기가 있다. 이러한 동기 때문에 자신이 필요한 정보를 얻을 수 있는 방식으로 행동한다. 즉, 탐색하고 실험하는 것이다.

초점이 명백하게 없는 행동은 이러한 동기의 결과인 것으로 보인다. 사람들이 무슨 생각을 하는지 알고 있는 아기는 모방 놀이를 한다. 우리가 사물을 어떻게 보는지를 아는 아기는 숨바꼭질 놀이를 한다. 언어의 소리를 알려고 하는 아기는 옹알이를 한다.

아기라는 컴퓨터는 자신이 입력한 정보를 변환시켜 이 세상을 정확하게 표상하고, 그러고 나서 예측하고 실행하기 위하여 특별한 프로그램을 가동한다. 그런데 흥미로운 것은 아기 컴퓨터는 거기서 멈추지 않는다는 것이다. 아기는 스스로 프로그램을 다시 짠다. 아기는 능동적으로 이 세상에 개입하여 더 많은 투입을 받고 이 투입에 대하여 예측한 것을 확인한다. 아기가 새롭게 발견함으로써 새롭고 전혀 다른 형태의 표상이 되고, 투입을 표상하기 위하여 전혀 다른 규칙을 형성한다. 만약 생물적 컴퓨터처럼 새로운 형태의 강력한 컴퓨터를 만들고자 한다면 바로 이렇게 만들어야 하는 것이다.

나. 성인은 큰 아기에 불과하다

이러한 아기의 행동 방식이 사실이라면 성인 역시 이러한 방식으로 행동한다고 볼 수 있다. 결국 성인은 단지 성장한 아기에 지나지 않는다. 성인 역시 율리시스 배를 타고 이미 알고 있는 것에서 출발하여 세상에 대한 더 많은 정보를 수집하고, 새롭게 발견한 측면에서 자신의 관점을 수정한다. 사실 이러한 학습에 의한 발달관은 상당히 널리 적용될 수 있을 것이다. 우리는 이미 세계에 대한 학습뿐만 아니라 언어 학습에도 이것이 적용되고 있다는 것을 안다. 이것은 더욱 지각적인 것이라고 생각할 수 있는 종류의 학습, 예를 들면 사물을 학습하는 것처럼 더 개념적인 것이라고 생각할 수 있는 언어 변별 학습에도 적용되고 있다. 이것은 타인의 마음을 학습하는 것처럼 더 의식적으로 접근하는 것 같은 학습뿐 아니라 언어 학습처럼, 거의 의식하지 못하는 가운데 학습하는 것에도 적용된다.

일반적 발달관은 성인에게도 널리 적용될 수도 있다. 그림을 그리거나, 시를 쓰거나, 작곡을 하는 것도 이와 유사하다. 미술가 역시 이세상에 대하여 복잡하고 추상적이며 타당한 표상을 창조한다. 이러한 표상은 눈에 보이는 것을 초월하는 그 어떤 것이며 이것을 통해 우리가 알고 있는 것이 진실인지를 알게 된다. 이러한 예술적 표상은 이미 만든 작품에서 나오지만 이러한 표상 때문에 역시 예술적 전통이 확대되고 수정되며, 새로운 문제를 해결하기 위한 새로운 방법이 소개된다. 미술가는 새로운 가능성을 가지고 적극적으로 실험하고 자신이 발견한 것에 비추어 자신의 행위를 변화시킨다. 물론 어떤 새로운 예술적 성취로 인해 세계를 보는 우리의 시각이 말 그대로 완전히 바뀌기도 한다.

이러한 발달관은 도덕적 결정과 정치적 선택 방식에도 적용될 수 있는 것 같다. 사람은 서로 어떻게 대우해야 하고, 사회는 어떻게 조직되어야 하는지에 대한 몇 가지 기본적 생각에서 시작한다. 그리고 나서 사람과 사회 조직에 대한 사고방식과 우리가 믿고 있는 방식이 더 나은 것인지 실험해본다. 어떤 조건 때문에 사람과 사회가 번영하고 퇴보하는지 관찰한다. 인간은 자신이 새롭게 학습한 것에 비추어 자신의 생각을 수정한다. 특히 실제 정치적 결과에 비추어 수정한다.

다. 아기는 과학자와 같이 지식을 획득한다

성인의 학습도 아기가 학습하는 것과 같다. 최근에 아기가 하는 것과 성인 과학자가 하는 것이 놀랄 정도로 유사하다고 주장하는 발달심리학자가 많다. 발달심리학자가 이론을 수립하고 수정하는 것과 동일한 방식으로 아기도 이론을 수립하고 수정한다. 이것은 적어도 몇 가지 형태의 인지발달은 아주 잘 설명해주는 것 같다. 우리는 이것을 '이론의 이론'이라고 부른다.

몇 가지 초기 학습 유형, 특히 사물과 마음에 대한 학습과 과학 이론의 변화 간에는 아주 유사한 점이 있다. 비슷한 것이 아니라 같은 것으로 생각된다. 예술 학습과 정치 학습이 동일한 구조를 갖지 않듯이 아기와 과학자의 사고가 같지는 않다. 그러나 아기와 과학자는 똑같은 기계를 사용하고 있다. 과학자는 큰 아기에 불과하며 과학자는 진화에 의해 설계된 인지 능력을 사용하기 때문에 그렇게 성공적으로 학습할 수 있는 것이다.

과학은 애벌레가 성장하여 나비가 되는 과정이나 저녁 식사를 알리는 종소리의 연합 학습 과정에도 적합하지 않다. 아인슈타인의 상대성 이론이 인간의 유전 인자에 선천적으로 입력되어 있었거나, 아인슈타인의 머리에서 우연히 발생한 것이 아니다. 과학자는 세상을 단순히 관찰하고 자신이 본 것을 기록하지 않는다. 과학자는 아기처럼 세상에 대하여 풍부하고, 복잡하고, 추상적이고, 합당하게 표상을 한다. 과학자는 여러 이론을 가지고 있다. 그 이론 때문에 투입, 즉 수집한 증거를 추상적 표상으로 전환하는 것이 더욱 가능해진다.

아기가 자신의 표상에 적합하지 않은 사실은 무시하거나 재해석하듯이, 적어도 초창기 과학자도 종종 자신의 이론에 적합하지 않은 사실은 무시하거나 재해석하였다. 이것이 꼭 나쁜 것만은 아니다. 우리는 대학원생이 실험을 잘못하여 이상한 결과를 얻었다고 해서 매번 물리학 법칙을 다시 쓰기를 원치 않는다. 이론은 과학자에게 무엇에 주의를 기울여야 하는지를 알게 해주는 이점이 있다. 이론도 그것이 기초하고 있는 증거를 초월한다. 이것은 아기의 표상 때문에 새로운 예측이 가능한 것처럼, 과학자도 이론 때문에 전에 본 적이 없는 사물에 대하여 새로운 예측을 할 수 있게 된다는 것을 의미한다. 이러한 예측 때문에 과학자나 아기는 보다 효과적인 방식으로 이 세상에 맞게 행동한다.

아기가 주변에 있는 사물에 대한 가설을 검증할 때 세상을 가지고 노는 것이나 과학자가 실험하는 것은 같은 것이다. 과학자가 가지고 노는 장난감이 비쌀 뿐이다. 아기는 자신이 발견한 것에 비추어 자신이 알고 있는 것을 수정하거나 대체하기도 하는 것처럼, 과학자도 새로운 이론을 발견하기 위하여 소중히 여겼던 이론을 버린다. 오히려 과학자가 아기보다는 자신의 이론을 포기하려고 하지 않는다. 물론 이것은 과학자가 사용하는 장난감의 비용과도 무관치 않을 것이다. 아기와 과학자는 세상에서 가장 훌륭한 학습자이며 컴퓨터와 아주 유사한 방식으로, 어떤 때에는 동일한 방식으로 활동한다. 이들은 처음부터 곰곰이 생각하는 것은 아니다. 새로운 지식을 얻기 위하여 이미 알고 있는 것을 수정하고 바꾼다. 그러나 이들은 절대로 영원한 독단을 부리지는 않는다. 이들이 알고 있는 것은 차후에 수정할 수 있도록 항상 열어 놓는다.

과학자가 아기와 같다는 생각에 처음에는 놀랄지 모르지만 어떤 혼돈스러운 사실들을 이해하는 데에는 도움이 된다. 과학자도 우리와 같은 뇌를 가지고 있다. 아직도 우리는 지난 약 5백 년 동안 뇌를 사용해서 과학을 조직해오고 있다. 만약 우리가 빙하기 때에도 뇌를 사용할 수 없었다면 어째서 인간은 그러한 강력한 학습 능력을 가졌을까? 학습능력은 어디에서 온 것일까?

한 가지 대답은 이러한 능력은 아기가 사용하는 동안 진화된 것이라는 것이다. 이 책 제1장에서 인간의 성숙이 늦은 것과 인간이 인지적으로 융통성이 있는 것 간에 진화적 상관이 있다고 언급한 바가 있다. 인간은 한 종(種)으로서 미성숙이라는 비용부담을 학습이라는 이점과 맞교환하고 있다고 말한 적이 있다. 인간은 가장 인지적으로 유연한 종(種)이며 가장 다양한 환경에 대처해 나갈 수 있다. 초기 인류가 아프리카 지역에서 퍼져 나갔는지 아니면 다른 여러 지역에서 퍼져 나갔는지에 대한 논쟁에서 인간이 퍼져 나갔다는 의견에 대해 비판하는 사람은 아무도 없었다. 그런데 인간에 가장 가까운 초기 종족은 퍼져 나가지 않고 그대로 있었다. 우리는 멀리서 들리는 기차의 기적소리가 맞는지 아닌지 끝없이 의심할 수 있다. 좋든 나쁘든 인간은 지구 전체를 차지하고 있고 우주 공간까지도 차지하고 있다. 인간은 자신이 발견한 특정 세계에 자신을 적합하게 맞추기 위해서 자신의 행동을 변화시키기 때문에 생존할 수 있다.

인간은 얼음으로 만든 이글루나 사막을 알 수 있고, 이러한 혹독한 환경에 자신을 적응시키기 위해 행동을 변화시킬 수 있다. 인간은 가장 미성숙하고 의지하여야 살 수 있는 후손이 있다. 넉넉지 않는 방에서 대학생 자녀와 함께 살고 있는 부모는, 간혹 자신의 새끼를 2개월이 되면 무자비하게 내다버리는 어미 고양이나 수컷을 부러워할지 모른다. 그렇다고 인간이 이와 같은 무자비한 짓을 할 수도 없고, 그렇게 하면 자식이 살지 못할 것이라는 것을 알고 있다. 아기만큼 생존하기 위하여 남에게 그렇게 오랫동안 의지하는 생명체도 없고, 성인만큼 그렇게 오랜 시간 동안 쉽게 그런 짐을 지려는 생명체도 없다. 인간의 진화 설계의 특징과 인간은 특히 강력하고 유연한 학습 능력이 있다는 생각은 일치하고 있다. 인간은 아동기라는 '에덴'에서 오랫동안 보호를 받고 지내면서 이러한 능력을 전개해 나간다. 성인이 보살펴주기 때문에 생존하기 위하여 특정 방식으로 행동하지 않아도 된다. 남은 것이라곤 주어진 환경 속에서 모든 가능성을 탐색하고 자유롭게 학습하는 것뿐이다. 아동기는 물리적 환경과 사회적 환경에 대하여 안전하게 학습에 전념할 수 있는 시기이다. 인간은 성인이 자금과 기술을 제공해줄 때 순수 연구와 기초 연구를 할 수 있다.

성인의 학습은 성숙하고 4가지의 일을 할 수 있게 되면(먹이 습득, 도망, 대항, 생식) 대체로 중단되었다. 우리는 유치원에 들어가기 훨씬 이전에 알 필요가 있는 것은 대부분 학습했다. 우리가 아기일 때 이 세상이 어떻게 움직이는지를 이해했기 때문에 성인으로서 이 세상에서 살아남을 수 있다. 이러한 학습능력이 있기 때문에 인간은 자신을 둘러싸고 있는 세계에 대하여 새로운 것을 계속해서 학습할 수 있다. 성인에게 여가와 돈과 해결해야 할 흥미로운 문제를 주면 거의 아기만큼 똑똑해질 수 있다. 역사적으로 어떤 성인은 특정 생존 문제에 관련되어 있을 때, 세상에 대한 새로운 것을 지속적으로 학습해 왔다.

500년 전에 아기가 자연스럽게 하던 활동은 제도상 성인의 활동으로 바뀌었다. 물론, 이러한 변형으로 인해 아기의 행동과 과학자의 행동 간에 많은 차이가 생겨났다. 아마 가장 중요한 차이는 아기는 일반적으로 사람을 비롯하여 가까이 있고 중간 정도의 크기인 보편적 사물에 대한 이론을 형성한다는 점이다. 그 결과 아기는 자신의 이론과 관계가 있는 증거에 대해서는 능동적으로 몰입한다. 아기가 알 필요가 있는 것은 모두 쉽게 얻을 수 있는 것이지만 과학자는 종종 아주 작은 것 아니면 아무 큰 것, 숨겨져 있거나 희귀하거나 멀리 있는 사물에 대하여 알려고 이론을 수립한다. 그러기 때문에 이론의 근거인 증거가 아주 미약하다. 과학자는 멀리 떨어져 있는 별과 같은 것이나, 잘 알 수 없는 질병에 대한 이론을 수립한다. 이러한 차이는 비교적 작지만 그 결과는 인지적·사회적으로 크다.

아기는 모두 거의 같은 나이에 유사한 이론을 수립한다. 일부 발달심리학자들은 이것을 두고 발달은 애벌레가 성충으로 변해가는 것과 같은 것이라고 생각한다. 그러나 아기들의 초기 이론이 같고, 똑같은 기제로 이론을 수정하고, 그들이 비슷한 증거를 많이 가지고 있다면 그것이 바로 당신이 기대하는 것일 것이다. 이 세상의 모든 아기는 사람과 사물에 대하여 똑같은 생각에서 출발하여 비슷한 경험을 하게 된다. 모든 문화권에서 사람마다 가끔 믿음과 소망이 서로 다르지만 숨겨 놓은 사물은 그대로 계속 존재할 것이다. 이런 일상적 사건은 아기가 자신의 초기 이론을 수정하는 데 필요한 증거를 제공해준다. 이와 반대로 시대와 문화가 다른 과학자는 별, 질병과 같은 것에 대하여 다른 종류의 증거를 가지고 있을지도 모른다. 종종 증거가 거의 관련이 없어서 다른 결론을 내릴 수도 있다. 사실 과학자들은 동일한 이론을 가지고, 동일한 문제를 해결하려고 노력하며, 동일한 증거를 얻게 될 때, 유사한 이론에 대적할 수 있다.

대부분의 제도상의 과학은 증거를 찾기 위하여 연구를 조직하고, 증거의 질을 평가하는 데 기여한다. 과학을 하는 데에는 올바른 자료만을 얻기 위하여 많은 일을 해야 하기 때문에 복잡하게 노동 분담을 할 필요가 있다. 어린 아기는 남을 이용해서 문제를 해결하지만 필요한 기본 증거는 도처에 널려 있다. 그러나 수많은 박사후 연구자나 대학원생, 연구 보조자들은 과학적 가설과 관련된 일부 증거를 찾기 위해서 여러 달 동안 실험실에서 보내야만 한다. 또한 노동력 분담을 하기 위하여 정교하고 때때로는 깨지기 쉬운 사회적 메커니즘도 필요하다. 아기는 엄마가 자신에게 하는 말을 신뢰할 수 있다고 생각한다. 과학자는 박사후 연구자와 연구 보조자들에게 의지해야 할 뿐만 아니라 다른 실험실에 있는 경쟁관계에 있는 과학자들에게도 의지해야 한다.

1500년경에 산업사회가 발달하기 시작하면서 의사소통과 공학이 크게 발전하였다. 그것이 이러한 노동력을 과학적으로 분담시킬 수 있게 했다. 어떤 사람에게 일상생활에서 해야 할 일을 면제시켜 주고 그 대신 이 세상에 관하여 스스로 발견하는 데 몰두하도록 한다. 이탈리아의 갈릴레이는 덴마크에서 수집된 자료에 의지할 수 있었고, 수학자 케플러는 독일에서 공식을 수립했지만 이들 모두 망원경에 의지했다. 이러한 모든 사회적·공학적 변화로 인해 행성에 대한 새로운 이론이 출현하였던 것이다.

과학자는 우리가 자연스럽게 직면하지 않는 문제를 다룰 수 있는 새로운 인지적 절차를 고안한다. 아기에게 가장 주된 문제는 증거를 평가하는 것이 아니라 증거를 이해하는 것이다. 아기는 대개 증거를 설명하는 데 관심이 있지 증거가 신뢰할 수 있는 것인지를 결정하는 데에는 관심이 없다. 그러나 성인 과학자에게는 종종 증거가 신뢰할 수 있는 것인지를 결정하는 것이 아주 어렵고도 중요한 문제이다. 우리는 다른 곳에서 한 실험에서 동일한 결과가 나타날 것이라는 것을 보장할 수 있는 실험 약정과 설계를 구체적으로 해야 하며, 통계적 처리를 하여 확률적으로도 다룰 수 있어야 한다. 과학자는 언제 증거를 수용하고, 언제 그 증거를 버릴 것인지를 결정해야 한다. 아기는 일반적으로 잘 속는다. 아기와 과학자 간의 이러한 차이는 사실이다. 그럼에도 불구하고 아기와 과학자는 동일한 기본적 인지 절차를 공유하고 있다. 그들의 프로그램은 서로 유사하고, 그들 스스로 똑같은 방식으로 프로그램을 다시 짠다. 이들은 이론을 수립하고, 예측하고, 검증하고, 설명하고, 실험하며 새로운 증거에 비추어 자신들이 알고 있는 것을 수정한다. 이러한 능력은 과학적으로 성공하는 데 있어서 핵심이다. 각 과학자가 자신의 이론을 생성하고 검증하지 못한다면 모든 사회적 제도는 아무 소용이 없다. 물론 이것은 우리 자신이 가지고 있는 능력만큼 그것을 사용하지 못한다고 해도 이러한 학습 능력은 있어야 한다는 것을 의미한다. 이러한 기본 능력은 진화에서 물려받은 것의 일부이다. 이러한 능력 때문에 인간은 이 세상을 알게 된다. 왜냐하면 이러한 능력은 그렇게 하도록 진화에 의하여 설계되었기 때문이다. 인간의 눈은 세상에 대하여 발견할 수 있도록 기막힐 정도로 정교하게 만들어졌다.

라. 아기는 쾌락으로서의 설명 욕구를 가지고 있다

아직 생물적 컴퓨터와 인간이 만든 컴퓨터 간의 또 하나의 차이점은 컴퓨터에는 없는 감정과 동기를 사람은 가지고 있다는 것이다. 우리는 인간의 정서와 동기를 탐구할 수 있다. 정서와 동기가 계산 능력과 어떻게 관련이 있는지에 대하여 몇 가지 가설까지 수립할 수 있다. 아기 역시 과학자처럼 정서와 동기를 가지고 있다고 생각한다. 아기가 되는 것은 과학자가 되는 것과 그 느낌이 같을 것이다. 아기는 자신의 세계를 탐색하고 설명하는 것만은 아닌 것 같다. 아기는 생명이나 어머니가 화내는 것을 무릅쓰고서라도 탐색하고, 설명하고 싶어한다. 인간의 다른 욕구와 마찬가지로 설명 욕구에도 여러 가지 정서가 뒤따른다. 어떤 것을 이해하지 못할 때에는 낙담하고, 이해할 수 있을 때에는 아주 즐거워한다. 우리는 실제로 아기의 얼굴에서 그러한 정서를 볼 수 있다. 아기에게 사물 영속성 문제나 속임수 믿음 문제를 제시하면 입술을 다물거나 이마를 찌푸린다. 그러고 나서 실제로 답을 말하기 전에 환한 미소를 짓는다. 심지어는 잰 체하는 듯한 미소를 짓기도 한다.

일에 사로잡혀 있는 성인도 사물을 이해할 때의 만족감은 알고 있다. 인기 있는 과학책을 읽는 즐거움 중 하나는 문제가 어떻게 해결되고, 이상한 일이 어떻게 설명되는지를 알게 되는 일종의 대리만족을 하기 때문이다. 바둑을 두거나 퍼즐 맞추기에 이르기까지 문제를 내고 그것을 해결할 때에는 기쁨을 맛본다. 과학자들은 부분적으로 탐욕, 야망, 불안, 열망, 그리고 다른 성인의 욕구에 의하여 동기를 부여받을지 모르지만, 설명 동기 역시 중요한 역할을 한다. 어느 과학자는 '자연은 교수 기계처럼 우리에게 영향을 주는 것 같다. 과학자가 자연을 새롭게 이해하게 되면 강한 즐거움을 경험한다. 장기간에 걸친 이러한 경험에서 우리는 어떤 종류의 과학 이론이 자연을 이해하는 즐거움을 제공하는지를 판단하는 방법을 알게 된다'라고 하였다. 화성 탐사를 수행한 NASA의 과학자들은 마치 자신들이 다시 어린 아기로 돌아간 것 같다고 자신들의 기쁨을 표현하였다. 어느 누구도 자신의 월급이 인상되는 것 같은 느낌을 받았다고 말하지 않았다. 17세기 어느 철학자가 지속적이고 끈기 있게 지식을 생성함으로써 성적 즐거움을 능가하는 기쁨을 맛볼 수 있다는 말은 새로운 앎의 즐거움을 잘 나타내주고 있다. 이러한 특징이 있는 인간의 인지적 정서는 혼돈에서 오는 고통을 설명하는 데서 오는 황홀함이 어렸을 때 학습할 수 있도록 해주는 자연적인 인지 체계의 동력인지도 모른다. 오르가슴을 원하기 때문에 성관계를 하는 것처럼, 설명을 원하기 때문에 세상에 대한 이론을 만드는지도 모른다. 그러나 진화적 관점에서 보면 이러한 관계는 거꾸로다. 오르가슴이 지속적 성관계를 보장하듯이, 설명의 즐거움 역시 계속 세상에 대한 진실된 이론 구성을 보장한다. 인간은 누구나 때때로 이러한 인지적 정서에 의해 움직이며, 과학자도 상당한 시간 동안 인지적 정서에 의해 움직인다. 학습해야 할 것이 너무 많은 아기는 사실 항상 자신에게 사로잡혀 있다. 아기를 연구해보면 이 세상의 생물적 컴퓨터가 이러한 점에서 인간이 만든 컴퓨터와 다르다는 것을 깨닫게 된다. 이것은 단순히 계산하고, 학습하고, 추리하고, 아는 것이 아니다. 아기는 이 모든 것을 하려는 동기가 있으며 그렇게 함으로써 강한 즐거움을 느끼도록 되어 있다.

5. 아기라는 컴퓨터는 타인의 도움 때문에 더 우수해진다

사람이 만든 컴퓨터와 생물적 컴퓨터 간의 또 다른 차이는 생물적 컴퓨터는 상대방의 프로그램에 직접적으로 영향력을 미친다는 점이다. 그들은 복잡한 사회 네트워크의 부분으로서 작동하도록 되어 있다. 이것이 어떻게 인간의 학습 방법에 영향을 미치는가? 아기가 세상에 대하여 스스로 얼마나 많이 학습하고 배우는가? 대부분의 부모들은 모든 것이 자신에게 달렸다는 의욕이 넘쳐 일종의 과대 망상적 확신과 자신이 무력하다고 느끼는 우울증과 자괴감 사이에서 흔들리는 경향이 있다. 발달 심리학도 이와 마찬가지로 흔들려 왔다. 일부 이론에서는 타인의 영향력을 평가 절하했다. 애벌레 이론은 분명히 사실이지만 인간이 알고 있는 것이 대부분 유전적 청사진의 결과라고 한다면, 부모와 타인의 영향력이 줄 여지는 많다. 피아제의 이론도 타인의 영향력을 평가 절하하는 경향이 있다. 피아제는 발달에서 아동의 역할을 강조하려는 열망에서 성인의 역할을 강조하지 않았다. 반면 행동주의와 같은 이론에서는 부모와 타인을 중시하는 경향이 있었다. 아기가 잘되고 못 되는 것은 곧 자신들의 책임이라는 것이다. 아마도 이러한 입장은 아기에게는 책임을 묻지 않고 부모에게는 묻는다는 느낌을 주기 때문에 호소력이 있는 것 같다.

가. 아기는 자연적으로 양육되기도 한다

유전자에 의해 자연스럽게 결정된 지식과 부모에 의해 사회적·문화적으로 결정된 지식은 구분된다고 믿는 경향이 있다. 그러나 새로운 발달 연구를 보면 이러한 구분은 인정되지 않는다. 아기와 성인 간의 상호작용은 자연스럽고 깊이 각인되어 있는 것으로 보인다. 아기는 믿을 수 없을 정도로 귀엽다는 것을 생각해 보자. 아기의 귀여움은 깊이 각인된 생물적 사실이라는 것이 드러났다. 이것은 아기에게나 어른에게나 모두 마찬가지이다. 그중의 어떤 것은 신체적인 조건에 불과한 것도 있다. 크게 튀어나온 이마, 큰 눈, 작은 입과 볼은 자동적으로 성인에게 긍정적 반응을 불러일으킨다. 아기는 사랑을 엄마에게만 불러일으키는 것이 아니라 모든 사람에게 그러하다. 소위 생물학자가 말하는 초정상적 아기 자극(supernormal baby stimulus), 즉 앞의 아기의 특징을 더 과장하여 허구적으로 만든 모습에 더 긍정적으로 반응하고 너무 귀엽다고 생각한다. 할리우드에서는 이러한 점을 이용한다. 외계인 ET는 겉보기에 이상하고 외계인 모습을 하고 있음에도 불구하고 사실상 아기의 모습을 과장한 초정상적 자극이다. 진화한 것 중에는 아기의 모습과 성인이 귀엽다고 생각하는 것 간에 조화를 이룬 것이 있다. 이러한 조화 때문에 성인은 아기가 발달하는 환경을 제공해준다.

그러나 이러한 귀여움의 효과가 모두 신체적 조건 때문만은 아니다. 아기가 모방하는 것을 생각해보자. 우리는 아주 어린 아기도 성인의 표정을 모방할 수 있다는 것을 알았다. 영화 ET에서 남자 주인공은 그 귀여운 얼굴을 보자마자 그 외계인에게 관심을 갖게 된다. 그러나 실제 이들이 연결된 것은 ET가 남자 주인공의 행동을 모방하면서부터이다. 그런 상호작용은 ET가 인간과 비슷한 마음이 있는 생명체라는 것을 말해준다. 아주 어린 아기가 당신을 모방해도 이와 비슷한 효과가 나타난다. 갑자기 당신은 아기를 안아 올림으로써 친근해지게 된다. 이 작고 이상한 존재에 대하여 이해하기 시작하는 것이다. 그러나 모방은 당신이 혼자서 할 수 있는 게임이 아니라 둘이서 해야 하는 것이다. 아기 자신은 성인만큼 모방하는 것을 좋아한다. 아기가 성인을 모방할 뿐 아니라 성인도 무의식적으로 아기를 모방한다. 엄마는 아기의 입에 숟가락을 갖다 대면서 자신의 입도 벌린다. 아기는 성인이 자신을 모방하고 있는 때를 알며 모방행위를 좋아한다. 성인이 인간 거울처럼 아기 행동을 따라 하도록 하는 실험을 한 결과 1세 된 아기는 계속 자신을 따라 하는 성인을 보는 걸 좋아했다. 더욱이 아기는 성인이 무엇을 할 것 같은지 알아보기 위하여 이상한 행동도 하였다.

단순히 신체적 조건 때문에 귀여워하는 것처럼, 성인과 아기는 생물적으로 서로를 모방하도록 되어 있는 것 같다. 그러나 이러한 두 가지 현상에서는 흥미로운 차이가 있다. 아기의 얼굴을 좋아하는 것은 자연스러운 것으로서 일종의 본능이다. 그러나 모방은 유전적으로 결정되어 있지 않은 새로운 방식으로 행동하는 것이며, 주변의 성인처럼 행동하는 것이다. 모방은 문화의 원동력이다. 아기는 주변의 특정 성인의 행동을 모방함으로써 자신이 속해 있는 가족이나 공동체 또는 문화권과 같은 특정 사회의 행동 양식을 학습한다. 아기는 인형에게 인사를 하고, 옷을 입히거나 아침마다 인형에게 머리를 빗겨주고, 밤마다 칫솔질을 해준다.

아기는 또한 모방을 통해서 물리적 세계가 작용하는 방법에 대하여 새로운 중요한 것을 학습한다. 우리는 제2장에서 성인이 담뱃불을 붙이기 위해서 이마로 상자를 누르는 것을 본 1세 아동이 똑같은 것을 어떻게 하는지를 설명했다. 성인이 특정 도구를 사용하는 것을 본 아동은 도구사용법을 학습한다. 그리고 성인은 아기의 행동을 다양하게 변형시켜서 모방하게 함으로써 그들이 해야 하는 것을 보여줄 수 있다. 모방은 성인으로부터 문화적 본능을 학습하기 위한 선천적 메커니즘이다. 사실, 최근의 연구를 보면 많은 다른 동물들도 모방을 통해서 학습한다는 것을 알 수 있다.

엄마의 아기용 말투는 성인이 아동의 학습을 도와주는 방식의 또 다른 좋은 예이다. 성인은 아기에게 말을 할 때, 이러한 특정한 유형의 언어를 무의식적으로 사용한다. 엄마의 아기용 말투는 아기의 주의를 끌게 되며, 아기는 이러한 유형의 말에 귀를 기울인다. 엄마의 아기용 말투는 언어의 소리 구조를 특히 명확하게 해준다. 스웨덴, 미국, 러시아인 엄마들은 각각 다른 유형의 모음을 사용하며, 이들 모음은 그들의 언어 구조를 가르치는 데 도움이 된다. 아기는 언어의 규칙을 이해하기 위해 이런 정보를 무의식적으로 사용한다.

엄마의 아기용 말투는 단어뿐만 아니라 사람, 사물에 대하여 아기에게 가르쳐준다. 한국인 엄마들은 아기에게 말할 때 행동을 강조하는 반면, 영어권의 엄마들은 사물을 강조한다. 아기가 소리의 차이에 반응하지만 내용의 차이에도 반응한다. 한국어를 사용하는 아기는 행동에, 영어를 사용하는 아기는 사물에 주의를 더 기울인다. 성인의 언어는 아기가 세상에 대하여 새로운 생각을 하도록 이끌어준다.

새로운 연구에서 발견한 한 가지 중요한 사실은 이러한 사회적 영향력은 엄마로부터 오는 것이 아니라 일반적으로 타인에게서 온다는 것이다. 물론, 실제 엄마는 아기를 양육하는 데 가장 많은 일들을 하고 있다. 그러나 우리가 발견한 것은 이러한 현상은 엄마나 성인들에게만 한정되어 일어나는 것은 아닌 것 같다. 아기에게 말을 거는 사람들은 누구나 모방 게임을 하고 엄마의 아기용 말투를 발휘한다. 심지어 4세 아이도 동생에게 말할 때는 일종의 아기용 말투를 사용한다. 때때로 나이가 많은 형제가 부모들보다 더 중요하게 되는 경우가 있다. 그래서 나이가 든 형제가 있는 아기는 다른 아이들보다는 훨씬 빨리 자신의 마음과 타인의 마음 간의 차이에 대해 학습한다.

타인의 영향력이 중요한 세 번째 이유는 아기의 학습능력은 타인과 협력하는 관계에 있다는 점이다. 그러나 신생아는 얼굴 표정을 모방할 수 있지만, 그들의 이마로 상자를 누르는 것과 같이 물체에 행동을 하는 것을 모방하려면 더 나이를 먹어야 한다. 아기는 그들 자신을 이해하지 않고서는 복잡한 행동을 모방하지 못한다. 당신이 3세 아기에게 틀렸다고 말해도 아기는 상자 안에 연필이 들어 있다고 고집한다. 아기는 당신이 말한 것을 이해하기 전까지는 그것을 받아들이지 않는다. 타인이 아기의 행동을 단순히 형성하지는 못한다. 그러기 때문에 부모는 프로그래머가 아니라 적절한 시기에 적절한 정보를 제공해서 아기 스스로 자신을 재프로그램화하도록 도와주는 사람에 지나지 않는다.

나. 아기와 부모는 함께 성장의 여행을 한다

아기가 지식의 오랜 문제점들을 어떻게 잘 해결하는가에 대한 당초의 질문으로 돌아가 보자. 이 질문에 대한 대답은 아기를 특별한 생물적 컴퓨터로 생각하는 것이다. 이것은 우리가 아기를 새로운 방식으로 이해하는 데 도움이 되며, 그들의 지적 능력의 정교성을 평가하도록 도와준다. 심지어 아주 어린 아기도 이미 세상을 이해하는 효과적인 프로그램을 가지고 태어난다. 이러한 생각 때문에 컴퓨터에 대해 새로운 방식으로 생각하게 된다. 아기는 우리가 알고 있는 컴퓨터와는 다르다. 아기는 자신의 프로그램을 변화시킬 수 있다. 세상을 탐험하고 더 많은 것을 학습하기 위해서 적극적으로 행동하는 정서와 원동력을 가지고 있다. 그리고 자신에게 정보를 제공하는 타인에게서 많은 정보를 받는다. 아기가 이러한 능력을 가지고 있다면 성인역시 그렇다.

아기를 연구하면 성인이 세상을 어떻게 이해하는지, 새로운 유형의 컴퓨터가 세상을 어떻게 이해하도록 고안되었는지에 대한 새로운 시각을 가질 수 있다. 이런 시각의 세부 내용은 아직 불완전하고, 여전히 많은 일이 진행되고 있는 중이지만 전반적인 개요는 제시되고 있다. 이간은 세상에 대한 표상을 가지고, 주변의 타인과 조화를 이루면서 그러한 표상을 변화시키고 수정한다. 이런 과정은 무한히 계속된다. 발달 심리학자들은 연구하는 아기와 부모와 함께 율리시즈의 배를 타고 항해한다. 때때로 여정이 거칠고 어렵지만 이들은 서로 좋은 동료인 것이다.

제6장
아기의 뇌에 관한 사실

지금까지 언급한 인간의 마음, 지식, 지각, 예측, 사고, 정서는 궁극적으로 3파운드밖에 되지 않는 흐물흐물한 회색빛 젤리에 의해 좌우된다. 회색빛 젤리는 최근에 많은 주목을 받고 있다. 뇌는 갑자기 매력을 갖게 되었다. 학술지를 보면 학습의 '결정적 시기'와 유아기의 '세포 파괴와 시냅스의 차단'에 관한 내용이 나온다. 만약 아기에게 바른 언어 경험을 지금 제공하지 않는다면 나중에 아이의 뇌가 언어를 바르게 이해하는 것이 가능하겠는지, 또는 아이의 뇌세포가 파괴되는 것을 막을 수 있는지 자문자답해 보자.

    실제로 뇌보다는 인간의 마음이 어떻게 발달해 나가는지에 대하여 더 잘 알려져 있다. 뇌의 변화가 인간이 가지고 있는 지식 변화의 원인이라고 생각하는 경향이 있다. 예를 들면 어떤 기질적 변화로 인해 18개월 된 아기가 사물을 새로운 방식으로 이해한다고 보는 경향이 있다. 그러나 사실은 이와 정반대라고 보면 된다. 아기의 뇌는 이 세상에 관하여 새롭게 학습한 것에 의하여 변한다. 아기의 마음을 연구하는 것은 아기의 뇌를 연구하는 것이며, 지금까지 알려져 있는 가장 생산적 연구 방법이다. 뇌를 이해하여 마음을 이해하는 것 이상으로,

마음을 이해하는 것은 뇌를 이해하는 데 도움이 된다. 사실 뇌신경학자들은 생리학과 인간의 마음에 관한 지식을 연결시킴으로써 뇌를 이해하는 데 큰 진전을 보기 시작했다.

아직도 뇌에 무엇이 입력되면 그것이 발생적으로 결정된다고 생각하는 경향이 있다. 그러나 잠시 다시 생각해 보면 그것이 불가능하다는 것을 알 수 있다. 만약 인간에게 일어나는 모든 것이 마음에서 차이가 생긴다면 틀림없이 뇌에서도 차이가 있을 것이다. 아기는 자기의 발가락 크기가 변화는 것을 통해서 학습하지 않는 것은 분명하다. 신경과학적 기술이 발전됨에 따라 뇌가 어떻게, 얼마나 변하는지, 또한 그 변화가 세계를 경험하는 것에 얼마나 기인하는지 알기 시작했다. 그러나 여전히 앞 장에서 서술하였듯이 프로그램이 뇌에서 기질적으로 어떻게 입력되는지에 대해서는 별로 알려진 것이 없다. 그러나 이제는 성인의 뇌가 어떻게 작용하며, 아기의 뇌가 얼마나 많이 변하는지에 대하여 많이 이해하기 시작하고 있다.

I. 성인의 뇌

성인의 뇌는 고도로 분화된 몇 개의 영역으로 되어 있다. 특정 뇌 부위가 손상되면 그 환자는 특정 정신 능력을 상실한다. 오른손잡이는 좌뇌가 언어를 전담하고, 우뇌는 얼굴과 음악을 지각하며, 뇌의 뒤쪽은 시각을 담당하고 있다. 어떤 언어장애 소아 외과의사가 좌뇌의 특정 부위가 손상을 입었으나 나머지 뇌가 온전했기 때문에 정상적으로 생각하고, 느끼고, 기억할 수 있었지만 그 손상 때문에 언어 능력을 잃어버렸다.

그동안 뇌에 관한 연구 결과는 죽은 뇌를 가지고 하였다. 죽은 뇌는 역동적이지 못하다. 오늘날은 새로운 기법이 소개되어 살아 있는 뇌를 볼 수 있다. 이러한 기법을 통해 뇌가 다양한 방식으로 분화되어 있다는 것을 알 수 있다. 손상된 뇌의 연구 결과를 보면 어떤 뇌의 부위는 말을 하거나, 사물을 보거나, 사람을 인지하는 데 관여한다는 것을 알 수 있다. 뇌의 특정 세포까지도 특정 정보와 아주 긴밀하게 관련되어 있는 것이 확인되었다.

통증을 느끼지 않을 정도의 작은 전극을 동물의 뇌의 특정 세포에 심어 놓고 사물을 보거나 소리를 들을 때 그 뇌세포의 활동을 기록할 수 있다. 어떤 세포가 특정 자극을 '좋아하면' 그 세포는 정전기 충격을 일으킨다. 전기활동이 크면 클수록 그 정전기 소리는 크다. 과학자들은 그 세포가 무엇을 보고 싶어 하고 듣고 싶어 하는지 관찰한다. 세포는 반응행동이 매우 까다로워 어떤 세포는 얼굴, 어떤 세포는 얼굴 중에서 어떤 반응에만 작용한다. 또 어떤 세포는 특정 방향으로 움직이는 시각적 움직임에만 반응하거나 특별한 종류의 모양에만 반응한다. 청각 영역에 있는 어떤 세포는 특정 주파수에만 반응하여 동조(同調)한다. 어떤 세포는 특정한 크기의 소리에만 반응하고, 주파수가 변하거나 파장이 아주 높거나 아주 낮은 소리에만 반응하기도 한다. 심지어 특정 동작을 하고 다른 동물이 그러한 동작을 따라 하는 것에 반응하는 세포도 있다. 특정 뇌세포가 반응하는 자극을 듣거나 보면 전기 활동이 폭발하면서 다른 세포로 전달된다.

이러한 방식으로 발사하는 세포는 컴퓨터의 회로처럼 작용한다.

이러한 세포는 감각 정보를 더욱 추상적 범주나 상징으로 전환시켜 주는 장치로 생각할 수 있다. 망막 세포는 빛에 반응하여 비디오 영상과 같은 시각 형태를 뇌에 보낸다. 그러나 이보다 더 위쪽에 있는 세포는 반응하는 것도 있고 하지 않는 것도 있다. 이러한 세포는 '이것은 얼굴이다', '이것은 움직이는 물체이다'라고 인식하는 작용을 하는 것으로 보인다. 그러고 나서 이 세포는 더 추상적 정보를 뇌의 다른 부분으로 보낸다. 이처럼 복잡하게 배열된 세포 때문에 어린 아기마다 얼굴이 독특하거나, 움직이는 물체는 정지해 있는 물체와 다르다거나, 심지어는 자신의 표정이 다른 사람의 것과 비슷하다는 것까지 인식하게 된다.

살아 있는 인간의 뇌를 볼 수 있는 방법은 뇌를 여러 색깔로 변환시켜보는 장치를 이용하는 것이다. 이러한 기술을 통해 살아 있는 뇌와 의식 상태에 있는 사람을 연구할 수 있고, 뇌를 관찰하면서 행동을 정신적 동작과 어떤 관련이 있는지 연구할 수 있다.

이러한 새로운 기술로 인해 과학자들은 단일 세포보다는 뇌 전체를 볼 수 있게 되었으며, 음악회에서 뇌가 어떻게 작용하는지도 볼 수 있게 되었다. 또한 노래를 기억할 때, 월드 시리즈에 관한 말을 들을 때, 모네의 수선화 모조 그림을 볼 때, 자신의 어머니를 생각할 때 뇌의 어느 영역이 작용하는지 알 수 있다. 이러한 기술은 두피를 통해 뇌의 전기 활동을 기록하거나 뇌의 글루코오스 연소와 같은 뇌의 신진대사활동을 기록하는 것이다.

두개골 외피상에서 뇌전도(EEG), 뇌전위(ERP), 자기뇌전도(MEG)를 측정하여 뇌의 전기 활동을 추적할 수 있다. 이러한 실험에서 피검자는 뇌의 파장을 증폭시켜 주는 20개 내지 200개의 전극이 달린 큰 모자를 쓰게 된다. 모자를 쓴 피검자에게 어떤 사물에 대하여 생각하게 하거나 어떤 그림을 보여주고 그때 발생하는 뇌 전기 활동을 기록한다. 이러한 방식을 사용하여 아주 어린 아기까지도 뇌의 활동을 확인할 수 있다. 아기 모자처럼 작고 부드러우며 20개의 전극이 있는 모자를 사용하지만 뇌의 각 영역의 전기 활동을 기록하기엔 충분하다. 청진기를 통해서 아기가 말소리를 듣는 것까지 확인할 수 있다.

양전자 단층촬영(PET)이나 자기공명영상(fMRI)과 같은 방법도 뇌의 활동을 더욱 직접적으로 확인할 수 있도록 해준다. 양전자 단층촬영을 통해서 알 수 있는 것은 활동을 많이 하는 근육이 에너지 소비가 많듯이 뇌 활동이 많은 부위일수록 글루코오스 소비가 많다는 것을 이용해 활동 중인 뇌의 부위이다. 이러한 방법은 일차적으로 뇌수술이 필요한 환자에게 사용해 왔다. 이 방법은 뇌수술을 할 때 수술을 피해야 할 위치를 파악하는 데 도움이 된다. 자기공명영상법 역시 뇌의 어떤 영역이 가장 활발한지 혈액의 흐름이나 산화 정도를 추적하여 측정한다. 이 방법은 주사를 놓지 않기 때문에 아기에게도 사용할 수 있다.

어느 방법이든 뇌의 외부에서 기록하는 방법보다는 뇌 활동을 더욱 직접적이고도 더욱 자세하게 보여준다. 피검자들이 서로 다른 일을 하거나, 소리를 듣거나, 그림을 보거나, 심지어 생각을 할 때에도 뇌의 어떤 부위가 작용하는지를 볼 수 있다. 이러한 검사를 해보면 생각하는 사물이 다르면 활동하는 뇌의 부위도 달라진다는 것을 알 수 있다. 손상된 죽은 뇌를 가지고 추측한 대로 언어는 좌뇌를, 얼굴은 우뇌를, 시각 형태는 뇌의 뒷부분을 각각 활성 시킨다는 것이 확인되었다.

새로운 연구를 보면 역시 뇌의 영역이 보거나, 듣거나, 생각할 때 상호작용이 반복적으로 전개된다는 것을 알 수 있다. 특정 경험을 할 때 서로 다른 뇌 영역은 협응한다. 소가 우는 것을 보면 시각 영역이 소의 얼룩덜룩한 색깔을 기록하면서 발화하고 소 울음소리를 듣고 '소'라는 생각을 한다. 우유, 소, 농장의 냄새를 생각하면서 뇌의 맛과 냄새 영역이 각각 발화한다. 아주 짧은 시간에 뇌는 여러 자극을 분리하고 다시 종합한다.

이러한 모든 연구를 종합해보면 성인의 뇌는 아주 특정 종류의 자극에만 특별히 반응하는 아주 전문화한 장치라는 것이다. 뇌의 특정 부위, 심지어 개별 세포까지 외부 정보에 특별한 방식으로 반응하여 그 정보를 다른 뇌에 전하도록 설계되어 있다. 이런 의미에서 보면 뇌는 하나의 컴퓨터와 같다. 그러나 뇌 역시 역동적이고 활동적 체제여서 뇌의 각 부분은 서로 끊임없이 상호작용한다. 단순한 정보를 처리할 때에도 많은 뇌세포가 동시에 관계한다. 대부분의 컴퓨터와는 달리 한 곳에서 모든 것이 결정되는 것이 아니고, 모든 정보가 한 곳에서만 저장되는 것도 아니다.

2. 뇌의 형성 과정

뇌의 전문화한 구조는 어디서 오는 것일까? 물론 처음부터 모든 것이 내장되어 있을 수도 있다. 이것은 마음에 대한 애벌레의 발생적 청사진 이론과 같을 것이다. 어떤 구조는 분명히 내장되어 있다고 할 수 있지만 뇌는 경험에 반응함으로써 급격하게 변한다. 이것은 뇌를 연구하는 기술이 개선되면서 점차 명백해져 왔다. 우리는 뇌의 기질적 구조는 아기의 세계에서 일어난 일과 관계없이 고정된 계획에 따라 발달하는 것으로 생각해왔다. 이제 뇌가 발달하는 이정표를 표시하는 발생적 청사진은 없다는 것을 안다.

컴퓨터는 아주 구체적인 설계도에 따라 칩과 회로를 모아 구성한 것이다. 모든 부품을 납땜한 뒤 연결해서 컴퓨터를 켜면 작동하기 시작한다. 컴퓨터 하드웨어는 크리스마스트리의 전기회로가 변하는 것 이상으로는 변하지 않는다. 그러나 인간의 뇌는 이와는 아주 다르게 작용한다. 뇌는 작동시킨 뒤에도 계속 새로운 회로를 만들어 나간다. 이미 만들어진 뇌의 회로는 경험의 깊이에 따라 좌우된다. 경험에 따라 아주 생의 초기부터 뇌는 변한다. 어린 아기가 보고, 듣고, 맛보고, 접촉하고, 냄새를 맡는 모든 행동은 뇌의 조직에 영향을 준다.

컴퓨터가 뇌처럼 작용한다면 오랜 기간 사용하면 할수록 더 많은 글자를 칠 수 있어서 더 좋아질 것이다. 몇 년간 컴퓨터를 사용하고 나면 몇 글자만 치면 나머지는 컴퓨터가 알아서 할 것이다. 그리고 몇 년간 사용하고 나서 컴퓨터를 열어보면 실리콘 칩과 회로가 처음과는 완전히 다른 방식으로 배열되어 있을 것이다.

실제로 우리가 자신의 뇌를 구축하는 데 관여하고 있고, 각자가 경험한 것이 유일한 것이기 때문에 사람마다 뇌도 다르다. 결국 성인의 뇌는 특수하게 연결되어 있는 복잡한 하나의 잡목 숲이 된다. 성인의 뇌는 약 천조 개의 연결 마디가 있는 것으로 추정된다. 독특한 연결 형태, 즉 독특한 뇌의 회로로 인해 우리는 한 개인이 된다. 그것은 각자 스스로 습관적으로 설계한 하나밖에 없는 프로그램을 갖는 것과 같다. 알츠하이머병에 걸리면 이러한 신경 연결 장치가 제대로 작동하지 않아 뇌의 정신적 용량이 점차 소멸하여 한 개인으로서의 인간은 비극 속으로 사라지기 시작한다.

뇌가 이와 같다는 가장 극적인 증거는 동물 연구에서 볼 수 있다. 30년 전 최초의 연구에서 신경과학자는 풍부한 환경에서 자란 쥐, 즉 회전 바퀴와 올라가는 사다리가 있고, 다른 쥐와 놀 수 있는 그런 환경에서 자란 쥐는 이러한 놀이 기구 없는 환경에서 혼자 자란 쥐보다 뇌의 두께가 더 두껍다는 것이 밝혀졌다. 장난감과 놀이 친구가 있는 환경에서 자란 쥐의 뇌의 두께는 감각 지각 영역의 경우 16%나 더 두꺼웠다.

뇌가 두꺼운 쥐가 더 영리하였는데, 이 쥐는 뇌의 두께가 얇은 쥐보다 미로를 달리는 방법을 잘 알았고 먹이도 더 빨리 찾았다. 반면 결핍된 환경에서 자란 쥐의 뇌는 이보다 더 작았다. 심지어 다음 세대에까지 영향을 주었는데, 풍부한 환경에서 자란 쥐는 궁핍한 환경에서 자란 쥐보다 뇌피질 두께가 더 두꺼운 새끼를 낳았다.

이 실험에서 풍부한 실험 환경이라는 것은 실제로 야생 쥐의 일반적 환경과 거의 같다는 것이 중요하다. 뉴욕 시의 하수구에 살고 있는 쥐는 가장 좋은 음식물 쓰레기가 어디 있는지 잘 찾아내고, 다른 쥐와 싸우고 짝짓기도 잘하며 영리하게 포식자를 피함으로써 생존해 나간다. 그것이 멋진 생활은 아니지만 그 환경은 분명 자극적이다. 따라서 이 실험실 연구에서 뇌의 두께가 더 두꺼워진 것은 추가적 환경 때문이라기보다는 정상 환경이 결핍된 환경보다는 뇌를 더 두껍게 해준다고 보는 것이 더 정확할지 모른다.

아기에게도 이것은 사실인 것 같다. 새로운 과학 연구에서도 부모가 아기에게 특별히 풍부한 환경을 일상적으로 경험하는 것 이상으로 제공해야 한다고 주장하지는 않지만 결핍이 심한 환경은 손상의 원인이 된다는 것을 시사해준다. 그 밖의 실험에서도 경험의 효과는 훨씬 정확하고 구체적일 수 있다는 것을 보여주었다. 한 고전적 실험에서 갓 태어난 고양이의 한쪽 눈을 가렸다. 몇 개월 후 가렸던 눈을 풀었다. 그리고 두 눈과 뇌와의 신경 연결 상태를 살펴보았다. 놀랍게도 한쪽 눈은 뇌와 연결되지 못하였다. 눈의 시력은 광학적으로 아무런 문제가 없었지만 그 눈으로 들어온 정보는 인식되지 못하였다. 이것은 가렸던 눈으로 들어오는 자극은 뇌로 전달되지 못한 것이다. 가리지 않은 눈으로 들어오는 정보에 의해서만 뇌 회로가 형성된 것이다. 이러한 연구 결과는 뇌는 경험에 따라 기질이 확장하기도 하고 수축하기도 하여 변할 수 있다는 것을 보여준다.

3. 뇌 회로의 형성

성인의 뇌에는 약 천억 개의 신경 세포나 뉴런이 있다. 이것은 은하수의 별의 숫자와 같다. 어린 아기의 뇌는 평생 가지게 될 수의 뉴런을 가지고 있다. 뉴런의 수는 출생할 때의 수나 60세가 될 때 지니고 있는 수나 거의 같다. 그러나 신생아의 뇌의 무게는 어른 뇌의 4분의 1밖에 되지 않는다. 그러면 무엇이 자라고, 무엇이 변하는 것인가? 뉴런은 자라고 이 때문에 뇌의 차이가 생긴다. 그러나 변하는 것은 대부분 신경 회로와 세포 간 복잡하게 연결되어 있는 회로망이다. 이러한 연결망 때문에 각 세포는 특정 방식으로 다른 세포에 반응할 수 있다. 예를 들면 그 연결망 때문에 하나의 뇌 세포가 언제 반응하며, 언제 망막 세포가 얼굴 모습을 뇌에 보낼지를 결정해 준다.

이러한 복잡한 뇌 회로는 활동과 경험에 다라 달라진다. 뇌세포는 서로 다른 영역에서 자라기 때문에 서로 영향을 주기 위하여 세포끼리 소통을 해야 한다. 소통은 뉴런이 서로 떨어져 있기 때문에 어렵다. 우리가 멀리 떨어져 있는 사람에게 말하려면 어떻게 하는가? 전화하는 것처럼 먼 거리를 연결해야 한다. 뉴런도 서로 소통하고 영향을 주기 위하여 자라나는 전화선을 이용하는 것이다. 컴퓨터처럼 수동적으로 연결되는 것이 아니라 스스로 성장하여 다른 세포와 연결된다.

새로운 기술로 인해 신경과학자들은 태내에서 발달하는 동안 뇌세포를 면밀히 검사할 수 있게 되었는데, 뇌세포는 전기 신호를 방출함으로써 연결된다는 것을 알 수 있다. 출생하기 이전부터 뇌세포는 자동적으로 발화하여 전기로 서로 신호를 보내려고 한다. 과학자들은 그것을 전화의 자동 다이얼에 비유한다. 세포 집단은 신호를 다른 세포에 보내려고 한다. 동시에 발화하는 세포는 서로 연결된다. 즉, 세포가 서로 회로로 연결되는 것이다. 뇌세포는 자신에게 반응하는 다른 세포와 접촉하려고 하는 것은 분명하다.

출생 후에는 모든 감각 기관의 경험이 넘쳐흐르기 때문에 세포는 지속적으로 다른 세포와 서로 연결된다. 이러한 것은 간단히 이루어지는 것은 아니다. 예를 들면 눈의 신경 세포는 시신경 세포와 연결되어야 하고 최종적으로는 뇌 뒤쪽에 있는 시각 센터와 연결되어야 한다. 이 모든 세포가 목적지에 도달하기 위해서는 청각, 촉각을 맡고 있는 뇌 센터를 통과해야 한다. 그것은 마치 도시에 있는 가정집끼리 연결되어 있는 전화선과 같다.

자라면서 연결되는 이러한 세포의 형태는 아무렇게나 형성되는 것은 아니다. 그렇다고 미리 결정되어 있는 것도 아니다. 동물 연구를 보면 도시 간에 매설되어 있는 기본적인 전화 간선(幹線)처럼 어떤 것은 유전 인자에 의하여 매설된다. 눈의 망막 세포는 뇌의 측면에 있는 언어 영역보다는 뇌의 뒷부분에 있는 시각 영역으로 연결된다. 그러나 이러한 것을 넘어 뇌 회로는 활동 여하에 따라 달리 연결된다. 기본 간선은 매설되어 있지만 집과 집 사이를 특별히 연결하기 위해서는 뭔가 더 많은 것이 필요하다.

세포가 서로 신호를 전달하면서 점차 영구적으로 연결되는 것이 점점 많아진다. 그것은 마치 휴대전화를 사용하여 이웃과 너무 자주 통화하면 집안에 전화선 하나가 자동적으로 생기는 것과 같다. 처음에는 세포가 가능한 한 많은 세포와 왕성하게 연결하려고 한다. 마치 전화 가입을 권유하는 사람처럼 누군가 응답하고 동의해줄 것을 기대하면서 모든 사람에게 전화를 거는 것과 같다. 전화 응답을 아주 많이 하게 되면 그 연결이 더욱 영구적으로 된다.

영구적으로 연결된다는 것은 뇌세포가 살게 된다는 것이다. 하나의 세포가 성숙하면 그 세포는 몇 개의 가지를 통해 다른 세포와 연결을 시도한다. 어떤 가지(축색이라 함)는 정보를 세포에 보내고, 어떤 가지(수상돌기라 함)는 정보를 받아들인다. 이 두 가지 간에 연결되는 것을 시냅스라 한다. 하나의 축색이 하나의 수상돌기에 도달할 때 특별한 종류의 의사소통, 즉 신경전달이 이루어진다. 두 개의 뉴런이 하나의 시냅스를 형성할 때 화학물질이 이들 간에 흐르면서 연결된다. 즉, 소통이 이루어지는 것이다.

뇌의 시냅스는 세포 간에 서로 대화가 가능하도록 하는 장거리 연결이다. 그것은 시냅스의 수를 보면 아기 뇌에 회로가 얼마나 잘 형성되고 있는지 대략적으로 추정할 수 있다. 근육과 마찬가지로 활동 중인 신경 세포도 에너지를 태운다. 만약 우리가 뇌의 글루코오스 대사량을 측정할 수 있다면 발달 기간 동안 서로 다른 시기에 얼마나 많은 시냅스가 형성되고 있는지를 추정할 수 있다.

새롭게 발견된 것은 아이의 뇌는 성인의 것보다 훨씬 바쁘다는 것이다. 3개월경에 뇌의 시각, 청각, 촉각 영역에서 글루코오스 연소량이 급격히 증가한다. 2세경에는 뇌의 에너지 소비량이 어른 수준에 이른다. 이러한 왕성한 활동은 아이가 9세나 10세가 될 때까지 성인의 두 배에 이른다. 그 이후에는 점차 감소하여 18세경에는 성인의 수준에 이른다.

이 모든 격렬한 활동의 이면에는 무엇이 존재하는 것인가? 뇌는 신경 연결을 설치하느라 바쁘다. 출생 시에는 대뇌피질의 각 뉴런은 약 2,500개의 시냅스를 형성하고 있다. 그러다가 2세 내지 3세경에 최고조를 이루는데, 이때에 한 개의 뉴런에 약 15,000개의 시냅스가 형성된다. 이것은 사실 성인의 뇌보다 많다. 취학 전 아기는 성인보다 훨씬 활동적이고 시냅스 연결이 많고 가소성이 높다. 신경학적 관점에서 보면 사실 아기는 천재 외계인이다.

4. 시냅스의 가지치기

나이가 들면서 이러한 연결에는 어떤 일이 일어나는 것일까? 뇌는 단지 점진적으로 시냅스가 많이 연결되는 것은 아니다. 필요 이상으로 시냅스를 많이 형성했다가 나중에 많은 것을 없앤다. 오래된 시냅스를 없애는 일은 새로운 시냅스를 추가로 형성하는 것만큼이나 중요하다. 대체로 메시지를 전하는 시냅스는 더욱 강해져서 생존하지만 약한 시냅스는 없어진다.

이러한 과정은 과일나무 가지치기와 같다. 어떤 가지를 자라지 못하게 하면 다른 가지의 성장이 강해져서 나무 전체 모습이 바뀌게 된다. 뇌는 사용하지 않는 시냅스를 잘라내어 자주 사용하고 있는 시냅스를 강하게 해준다. 경험의 내용에 따라 어느 연결이 강해지고 잘려나가는지가 결정된다. 가장 빈번하게 활동한 연결은 보존된다. 약 10세에서 사춘기 사이에 연결이 약한 것은 파괴되고 경험에 의해 가장 유용했던 것만 보존된다.

뇌의 연결이 상실되는 것은 사실 아주 좋은 일이다. 이 때문에 고도로 분화한 성인의 뇌는 특정 환경에 부응할 수 있다. 뇌는 아주 유연하다. 신경학자들의 말대로 가소성이 있다. 연결 과정과 가지치기 과정 때문에 뇌는 스스로 주변 환경에 적응한다. 그것이 인간의 선조가 숲 속에서뿐만 아니라 사바나에서도 생존할 수 있고, 복잡한 현대에서 생존하고, 우리의 자손 우주에서 생존할 수 있는 방법일지 모른다.

이와 같이 순환적으로 뇌가 성장하고 소멸하는 것은 앞서 언급한 아이의 지식의 변화와 관련이 있다. 한 살에 발생하는 소리 변별력의 변화를 생각해보자. 출생 시에 아기의 세계 시민적 뇌는 모든 말소리

간의 미묘한 차이를 인식한다. 그러나 특정 언어를 습득하기 위하여 유아의 뇌는 모국어의 특징을 강조하고 다른 특징은 무시하는 구조로 발달되어야 한다.

유아 초기에는 풍부하게 연결되어 있기 때문에 모든 말소리를 변별하는 것이 가능할지 모른다. 그러나 이후에는 특정 언어에서 사용하는 어휘와 문장이 아기의 뇌에 마구 들어오게 된다. 뇌가 이러한 소리를 처리하게 되면서 소리를 받아들이는 방식이 재조직된다. 사용하지 않는 연결은 단절하고, 필요한 것은 새로 연결하고, 자주 자극을 받는 연결은 강화시키거나 예리하게 하는 것이 가능하다. 의미 없는 말을 하고 수많은 '아', '어' 소리를 내는 3개월 된 아기와 놀면서 우리는 분명히 아기의 뇌를 변화시키고 있는 것이다.

아기가 소리를 듣는 방식이 바뀌면 뇌가 변한다는 것을 보여주는 일부 실험적 증거도 있다. 뇌전위 연구에서는 유아에게 전극 모자를 씌운다. 발달 초기에 아기의 뇌는 모국어나 외국어의 전형적 소리에 대한 반응에 차이를 보이지 않는다. 그러나 몇 개월만 지나면 모국어의 전형적 소리를 들었을 때 좌뇌에 독특한 형태의 뇌 활동을 보인다. 모국어를 학습하면서 기질적으로도 뇌도 변한 것이다.

좀 더 추상적으로 말한다면 이론을 바꾸는 것처럼 우리는 똑같은 종류의 과정이 다른 어떤 것에 관련될지도 모른다는 것을 알 수 있다. 한 이론을 바꾸기 위해서는 아이디어 간의 연결을 새로 해야 하고 잘못된 것으로 판명된 아이디어는 제거해야 한다.

무엇이든 학습할 준비가 일단 되어 있으면 나이가 들면서 더욱 전문화하고, 새로운 것을 학습할 준비는 덜 되어 결국 우리 방식에 더욱 얽매어 버리게 된다. 반면 우리는 훨씬 더 능숙하고 유능해지기는 한다. 즉, 말하는 것에서부터 읽기나 구두끈을 매거나 책을 쓰는 것에 이르기까지 모든 것을 훨씬 신속하고 쉽게 처리한다. 똑같은 종류의 검은색 옷을 반복적으로 구입하는 것이 상상력의 부족으로 보일 수도 있지만 그것은 사실 어렵게 획득한 지식의 작용일지도 모른다.

사용하지 않는 어지러운 것을 치워버리는 데 있어서는 뇌가 우리보다 나은 것 같다. 뇌는 사용하지 않는 것은 버리고 사용하는 것만 간직한다. 가지치기를 하고 난 성인의 뇌는 아기의 뇌보다는 훨씬 더 고도로 분화한 뇌가 된다. 그래서 특정의 활동은 특정 영역과 요소에서만 이루어진다. 이렇게 뇌가 분화하기 때문에 성인으로서 할 수 있는 모든 것을 할 수 있는 것이다.

그러나 성인이 되었더라도 새롭게 연결되고 연결된 지 오래된 것은 잘라내고, 새로운 뇌 세포가 생성되는 것은 계속된다. 이러한 과정 때문에 새로운 것을 기억하고 오래된 것은 망각하며, 새로운 것을 어떻게 다루며, 새로운 아이디어를 어떻게 발달시키는지를 알게 된다. 우리는 중년이 되어서도 간혹 새로운 스커트가 구식 스커트보다 더 좋다는 것을 발견한다. 이 책을 읽는 것도 연결된 지 오래된 것을 제거하고 새로운 연결을 하도록 해주는 것이다.

5. 결정적 시기

이러한 연구 결과는 모두 어린 시기가 학습의 최적기이고 마음뿐만 아니라 뇌도 새로운 경험에 가장 잘 열려 있다는 생각과 일치하고 있다. 이것 역시 발달심리 연구에서 나오는 생각이다. 아기와 어린아이는 지각을 통해 새로운 이론을 탐색하고, 실험하고, 검증하며, 새로운 것을 학습하였을 때에는 이전의 이론을 바꾸어버린다. 비록 그 과정이 성인기에도 계속되지만 분명히 그 과정은 느리다.

어떤 연구자들은 더 강력한 입장을 취하고 있다. 이들은 아기의 뇌는 아주 짧은 기간에만 특정 유형의 경험에만 열려 있다고 주장한다. 마치 뇌에는 출입문이 열려 있어서 결정적 시기에는 그 문을 통해 경험이 들어간다. 그러나 어떤 그 시기가 지나면 갑자기 문이 닫힌다는 것이다. 회계 창구를 닫는 5시 정각까지만 뇌라는 은행에 예금할 수 있는 것과 같다. 뇌는 오직 이 결정적 시기에만 학습한다는 것이다.

뇌 발달과 뇌 경험 시기에 대한 이러한 의문이 신경과학자에게 중요하지만 실생활에 영향을 주기도 한다. 만약 어린아이가 취학 전에 바른 말을 듣지 못한다면 정상적으로 말하는 것을 학습할 수 있을까? 아기가 사랑이 없는 고아로 자란다면 삶을 두려워할까? 발달 초기 단계에 경험의 신경 흔적은 이후의 발달에 유일하면서도 많은 영향을 준다는 것에 누구나 동의한다. 문제는 언제 경험하는 것이 유용한지를 결정하는 특정의 시계가 있느냐 하는 것이다. 학습 기회는 얼마나 시간적으로 엄격한가?

사실 동물에는 생물적 시계처럼 정말 경험이 영향을 주는 아주 정확한 시간이 있는 예는 많다. 흰 까마귀 참새(white-crown sparrow)는 울음소리를 학습하는 시기의 창문이 약 30일간만 열려 있다. 만약 수컷이 이 시기에 올바른 소리를 듣지 못한다면 정상적으로 울음소리를 학습하지 못하여 결국 암컷을 부르지 못하여 알을 품을 기회를 갖지 못한다(울음소리를 학습하는 것은 수컷에게는 매우 중요하다. 새의 모습, 부, 권력이 모두 그 울음소리에 내포되어 있다). 나중에 그 소리를 들어도 도움이 되지 않는다.

또 하나의 예는 앞에서 언급한 연구에서 볼 수 있다. 이 연구에서는 두 눈은 뇌와 연결되어 회로가 형성된다는 것을 보여주었다. 고양이의 눈에 투입되는 정보가 특정 시기, 즉 출생 후 30일 내지 80일 사이에 전해져야 한다는 것을 알았다. 한쪽 눈이 그 시기 안에 열려 있다면 그 눈은 뇌와 정상적으로 회로가 연결될 것이다. 만약 이 기간에 눈을 가려 놓거나 80일이 지난 뒤에 가린 눈을 푼다면 너무 늦을 것이다. 가리지 않은 나머지 한쪽 눈이 가린 눈의 회로 인계를 받게 되며 가린 눈은 일생동안 그 기능을 상실할 것이다.

결정적 시기에 대한 이러한 사례가 생물적 시계를 내포하는 것처럼 보이지만 새로 발견된 사실을 보면 뭔가 계속적으로 진행하고 있는 것 같다는 것을 말해준다. 이러한 사례를 보면 초기 경험이 장기적으로 심대한 영향을 주기는 하지만 모든 것이 생물적 시계의 지배를 받는 것은 아니라는 것이다. 유연한 학습시기가 꼭 성숙에 의해서 오는 것은 아니라는 것이다.

그러나 경험 그 자체로 인해 어떤 방식으로 세계를 지각하고 해석하도록 뇌가 변했을 수는 있다. 일단 신경회로가 발생하면 다른 방식으로 세계를 해석하는 것이 곤란하다. 일단 표상을 하여 작용하면 그 표상에 합당한 사례가 집성되어 표상이 바뀌는 것은 점점 어려워진다. 우리가 무언가 사실이라고 아주 확신하면 그것에 대한 마음을 바꾸려고 하지 않거나 심지어는 바꿀 수가 없기 십상이다. 신경 표상에 있어서는 이것이 사실인 것 같다. 고전적 관점에서든 새로운 관점에서든 사람은 한 살일 때가 다른 어느 때보다 더 쉽게 학습할 수 있다고 본다. 중요한 차이는 생물적 시계에 기인한 것 아니면 이미 발달한 뇌구조에 기인한 것이다.

이러한 두 가지 해석은 언어 학습의 사례에서 뜨거운 논쟁이 되고 있다. 인간에게는 언어 획득의 결정적 시기, 즉 나중에 인간의 학습 능력을 소멸시키는 생물적 시계가 있다고 믿는 학자가 있다. 이러한 주장을 하게 된 가장 극적인 증거는 인생 초기에 말을 듣지 못한 야생 어린이(wild children)에서 나왔다.

20년 전 사회사업가들은 캘리포니아에 사는 제니라는 14세 소녀를 발견하였는데, 그녀의 아버지는 딸을 의자에 묶어서 작은 방에 가두어 외부와 접촉을 하지 못하도록 하였다. 속삭이지 않고 크게 말하면 아버지는 제니를 때려 말을 하지 못하게 했다. 제니가 거기서 구출된 후에 언어학자들의 노력에도 불구하고 정상적 언어를 획득하지 못하였다. 물론 제니가 모든 종류의 비인간적 대접을 받았기 때문에 정확히 언어에 영향을 준 요인만을 분리하기는 어렵다.

그 밖에 이보다는 덜 비극적이지만 결정적 시기를 지지하는 증거들이 있다. 대부분의 사람들은 어린 시기를 지나면 제2 외국어를 학습하는 것이 훨씬 더 어렵다. 이민자들은 자녀보다 잘하려고 이민 간 나라의 언어를 배우려고 할지 모른다. 외국을 잠시 방문해 보면 어린 자식들은 놀이터에서 즐겁게 거기 외국 아이들과 노는 것 같다. 그런 반면 성인은 여전히 고통스럽게 단어장을 들여다보고 있다. 특히 성인은 음성 언어를 이해하는 것이 어렵고 문법에도 어려움을 많이 겪는다. 사춘기가 중요한 시기인 것 같다. 18세에 영어밖에 하지 못하는 이민자는 여전히 전에 사용했던 말의 강한 말의 강세가 그대로 남아 있을지 모른다. 그러나 14세에 이민 온 사람은 그렇지 않을 수 있다.

3세에서 7세 사이에 있는 아이처럼 아주 어릴 때 제2 외국어를 배운 사람은 원어민처럼 말을 한다. 만약 이들이 8세 이후에 배운다면 언어 능력은 점차 떨어지며 특히 사춘기에 특히 그러하다. 만약 사춘기를 지나서 제2 외국어를 배우면 나이와 언어 능력과의 상관이 어려서 배웠을 때보다 못하다. 20세 된 사람이나 40세 된 사람이나 차이가 없다.

그러면 나이가 들면 왜 언어를 학습하는 것이 그렇게도 어려운 것일까? 결정적 시기를 지지하는 쪽의 주장에 의하면 시기가 가장 중요한 변인이라는 것이다. 만약 여러분이 영어의 'r'과 'l' 소리를 사춘기가 될 때까지 듣지 못했다면 마치 새가 생후 50일이 지나도록 울음소리를 배우지 못하거나 고양이 새끼가 생후 18일이 지나도록 앞을 보지 못하는 것처럼 이 두 소리를 변별할 수 없을 것이다.

또 하나의 주장은 학습 자체가 어떤 역할을 한다는 것이다. 앞에서 보았듯이 유아기에 일찍 특정 언어에 노출된 아기는 그 언어의 소리 체계를 묘사해주는 전형을 형성한다. 즉, 특정 언어의 소리 체계를 묘사해 주는 표상을 한다. 이러한 표상이 아기가 말소리를 지각하는 데 영향을 준다는 것이다. 이러한 표상 때문에 소리를 서로 구별할 수 있게 된다. 발달 초기에 인간은 여러 언어의 전형을 학습할 수 있도록 개방되어 있으나 사춘기가 되면 소리에 대한 정신적 표상은 잘되지만 고착되어 있기 때문에 외국어의 특징을 지각하는 것이 더욱 어렵게 된다. 이미 형성된 표상은 새로운 언어 표상을 방해한다는 것이다.

만약 성인이 이러한 간섭 때문에 잘 학습할 수 없다면 그러한 간섭으로 인해 야기되는 어떤 신호를 새로 생성시킴으로써 그러한 간섭을 피할 수 있을지 모른다. 앞에서 서술한 난독증 어린이 연구를 보면 이것이 사실일 수도 있다는 것을 시사해준다. 학령기에 난독증 어린이는 'b'와 'd'와 같은 소리 변별이 어렵다. 이 때문에 일반적 언어장애를 겪는다. 몇몇 연구에서는 난독증 아이에게 소리 범주를 분리하도록 도와주면 개선된다는 것을 보여주고 있다. 난독증 아이에게 컴퓨터로 음성 간의 차이를 증폭한 언어를 듣게 하였더니 더 나아졌다. 난독증 아이에게 들려준 음성 증폭 언어는 어떤 면에서는 성인이 유아에게 하는 아기용 말투와 같다. 한국인 성인에게 'r'과 'l' 간의 소리 차이를 증폭한 말을 들려줌으로써 영어 학습의 가능성을 높여준다. 음성 증폭 언어는 이전에 발달시켰던 한국어 표상을 상쇄시켜줄 수 있을지 모른다. 성인도 아기용 말투를 들으면 유용할지 모른다.

6. 뇌는 사회적 상호작용 속에서 발달한다

뇌의 가소성에 대한 최근의 또 다른 놀라운 연구 중의 하나는 사회적 요인이 동물의 학습 방법을 극적으로 바꾸어 놓을 수 있다는 것이다. 우리가 보았듯이, 흰 까마귀 참새는 생후 20시간 내지 50시간에 녹음한 것을 들려주면 자신의 종족의 소리를 학습할 수 있다. 그러나 결정적 시기는 사회적 맥락에서는 그렇게 엄격한 것 같지는 않다. 참새는 생후 50일 이후에도 울음소리를 가르쳐주는 새가 있고 그 앞에서 실제로 우는 소리를 들을 수 있다면 학습할 수 있다. 다른 새와 상호작용하는 것도 학습에 도움이 된다.

어떤 종의 새는 학습하는 데 실제 사회적 자극을 필요로 한다. 예를 들면 얼룩 피리새는 녹음된 울음소리로는 잘 학습하지 못한다. 옆에 있는 새장의 새와 상호작용하여야만 그 새의 소리를 학습할 수 있다. 소리만 듣는다면 울음소리를 학습하지 못할 것이다. 사실 깃털이 갓 난 얼룩 피리새도 소리를 배울 새가 눈에 보이지 않더라도 어미새와 새끼 새가 하는 방식으로 상호작용만 할 수 있다면 그 새에게서 학습할 수 있다. 어떤 얼룩 피리새는 가까이 있는 같은 종족 수컷에게 올바른 소리를 듣더라도 자신을 키우고 있는 다른 종족인 뱅갈 피리새 수컷으로부터 뱅갈 피리새 소리를 배운다. 적어도 얼룩 피리새는 약간은 솔로몬의 지혜를 가지고 있는 것 같다. 얼룩 피리새는 자신을 키우는 뱅갈 피리새와 유전 인자만 공유하지 않아도 생활은 같이 한다.

아기는 어떠할까? 아기는 언어를 학습하기 위하여 사람들과 상호 작용을 하여야 하는가? 아기는 녹음기나 텔레비전만을 통해서 언어를 학습할 수 있을까? 아기를 부모와 격리시켜 무슨 일이 일어나는지를 볼 수는 없다. 그러나 자신을 사랑하는 사람과의 다정한 대화 속에서 자란 아기는 아주 몰두를 잘하고 주의력이 있으며 행복을 느낀다. 이것이 이러한 아기가 왜 그렇게도 빨리 학습하는지에 대한 이유 중의 하나가 될 수 있다.

7. 아기는 경험을 통해서 뇌 회로를 스스로 구축한다

뇌에 대한 새로운 연구에서 나타나는 현상과 심리학 연구에서 나타나는 현상은 일치하고 있다. 분명히 아기가 태어날 무렵에는 이미 수많은 신경 구조가 형성되어 있다. 그러나 마찬가지로 뇌는 생후 몇 년 동안 급격하게 변하고 경험에 반응하면서 변하는 것은 분명하다. 다시 말해서 뇌는 스스로 학습한다는 것이다. 이러한 학습은 수동적인 것이 아니다. 뇌는 능동적으로 신경 연합을 바르게 하고 많이 사용되지 않는 신경 연합은 잘라버린다. 뇌는 스스로 프로그램을 재형성하는 것이다.

더욱이 학습에서 비롯된 표상은 뇌가 새로운 경험을 어떻게 처리할 것인지에 영향을 준다. 발달의 순서는 아주 중요한 것 같다. 일찍이 하나의 경로를 선택하면 이것이 나중에 어느 경로를 이용할 수 있는지에 심대한 영향을 준다.

타인 역시 뇌가 어떻게 형성되는지에 특히 중요한 역할을 한다. 새의 뇌까지도 다른 새로부터 정보에 특히 부응하는 것 같다. 특히 자신을 양육하는 새로부터 그러하다. 인간의 뇌의 많은 부분이 언어 정보를 처리하고 얼굴을 알아보는 데 기여하고 있다는 사실은 무엇보다 인간으로부터 얻는 정보가 훨씬 중요하다는 것을 시사해준다. 다시 말해서 뇌는 사람들로부터 배우고 싶어 하는 것 같다.

뇌 연구에서 확인된 증거 역시, 아이들에게는 특히 강력한 학습 능력과 동기가 있으며, 사실 성인보다 더 많이 학습한다는 것을 시사해준다. 심리학 및 신경학에서 밝혀진 증거를 종합해보면, 적어도 똑똑하다는 것은 뭔가 새로운 것을 학습한다는 것을 의미한다면 아기가 우리보다 더 똑똑하다고 결론 내리지 않을 수 없다. 성인이 가지고 있는 이점은 정확히 성인도 아기였다는 사실에서 비롯되는 것이다. 아기가 할 수 없는 모든 종류의 일을 잘하기 위하여 우리가 아주 어렸을 때 구성한 잘 조정되고, 분화되고, 기름칠이 잘되어 있는 정신적 기계를 사용할 수 있다.

천재는 자신이 어렸을 때의 뇌를 우리보다 좀 더 오래 유지하고 있다. 물론 이것은 단순한 환상이 아니라 거기엔 진리가 담겨 있다. 문화라는 도구, 즉 의사소통 능력과 한 세대에서 발견한 것을 다음 세대에게 전달하는 것 역시 아기가 이처럼 기적의 학습자가 되도록 하는 데 도움이 된다. 성인은 조금은 가끔 아이와 같은 학습 능력을 유지하는 것 같기도 하다.

우리는 아기만큼 똑똑하지 못하지만 새로운 증거를 보면 생각보다는 더 똑똑할지 모른다. 우리가 많이 학습하지 못하는 이유는 정확히 우리가 너무 학습을 많이 했기 때문일지도 모른다. 아동기에 획득한 회로는 우리가 무엇을 알 필요가 있는 것인지를 말해주고 있다. 성인이라 하더라도 새로운 문제, 예기치 않은 환경, 특별한 정보 투입에 직면하면 또 한 번 그 회로를 바꿀 수 있다. 지식처럼 뇌 그 자체는 앞장에서 언급한 율리시스의 배와 같다. 뇌는 주위의 사물에 반응하여 다양한 방식으로 변한다. 더욱이 초기에 발생하는 변화는 이후에 일어나는 변화를 지배할지 모른다. 만약 우리가 노를 돛대로 바꾸어 놓는다면 그 노는 나중에 닻으로 사용하지 못할 것이다. 가장 큰 변화는 인생 초기에 일어난다. 항해가 더 부드러워지면서 배는 더 효율적으로 변하고 변화시킬 필요가 더 없어진다. 그러나 결코 고치는 일은 사실 멈추지 않는다. 인간의 뇌는 여행이 끝날 때까지, 부득이 신경과학자의 현미경의 받침대 위에 놓인 활동하지 못하는 얇은 조직에 지나지 않을 때까지 바쁘게 활동한다. 그리고 나서도 인간의 지식의 배는 아이에게 물려줄 유산의 일부가 되어 그 아이들이 탈 차례가 되면 다시 만들어진다. 결국 인간의 뇌는 비록 전기를 사용하지 않고 노래와 말과 얼굴을 사용하지만 스스로 회로를 형성한다. 그리고 메시지는 시냅스를 통해서가 아니라 빛과 소리, 접촉을 통해서 전달된다. 나중에 우리가 현미경 스탠드 위에 얇은 조작에 지나지 않더라도 우리는 여전히 회로를 형성해 나갈 것이다.

제7장

존귀한 인격체로서의 아기

1. 산업사회에서 부모 이외에 누가 아기 성장을 맡을 것인가?

아이를 양육하는 일은 본래 과학적으로 설명하는 것이 어렵고 모호하다. 대다수의 부모들에게는 자식의 안녕보다 더 중요한 것은 없다. 자신의 삶을 바치는 것을 상상할 수 있는 것이 많지 않지만 부모는 자식을 위하여 삶을 바칠 수 있다. 대부분의 부모는 긴 시간 동안 자신의 에너지를 자녀를 위해 바친다. 여기에 견줄 만한 인간의 경험은 없다. 그러나 아직 이러한 진지함과 사명감과 같은 도덕적 목적은 심한 통제력의 결핍과 맞물려 있다. 부모에게는 힘은 없고 책임만 있다. 어머니와 아버지는 수없이 많은 일을 당해도 처분만 기다리고 있다. 즉, 아이에게 이 세계가 무엇을 제공해 주어야 하는지에 대하여 처분만 기다리고 있다. 20년 후에 부모는 애정의 대상이 자신을 떠나 다른 사람을 찾아간다는 것을 알게 될 것이다. 부모가 하는 일이란 자신의 애인을 다른 사람에게로 떠나보내는 것이라는 것을 알게 될 것이다. 그러나 부모의 최대 성과는 아이들이 절제된 애정을 가지고 부모를 생각하는 모범적이고 독립적인 성인으로 자란다는 것이다. 만약 아이가 커서도 유아적 애착을 가지고 부모를 대한다면 그것은 병이다. 육아를 대할 때 대부분 결정하기 힘든 것, 즉 아이에게 길을 건너게 놔두어야 하나? 학교에 걸어갈 수 있나? 아이의 옷장을 살펴봐야 하나?와 같은 아주 작은 조치는 통제를 포기하는 방법에 관한 것이지 통제를 늘리는 방법에 관한 것이 아니며, 아이에게 권한을 이양하는 방법에 관한 것이지 권한을 획득하는 방법에 관한 것이 아니다. 그래서 부모들이 안내를 받을 필요성을 깊이 느끼면서도 이럴까 저럴까 망설이는 것은 놀랄 일이 아니다. 우리는 한편으로는 누군가 우리에게 어떻게 하라고 말해주기를 바라고 다른 한편으로는 아무도 어떻게 하라고 말해주지 않기를 바란다.

사이비 허풍쟁이, 사이비 예술가, 약자를 괴롭히는 자들은 조언하는 데에서 행복을 느낀다. 종종 이들은 과학적 권위를 유발하기도 한다. 그러나 인간은 어떤 종류의 충고도 기꺼이 받아들이고, 무당의 주술에서 혈투에 이르기까지 어떤 종류의 지식이나 권위에 호소하는 치료라도 받아들이려고 한다. 과거 수백 년 동안 이러한 일과 과학을 통합하려고 노력해왔다. 그러나 여전히 그것은 어려운 숙제로 남아 있다. 사실 의사가 암이나 편두통, 불안 발작에 관련된 복잡한 요인 간의 관계를 따져보는지 아닌지 우리는 관심을 갖지 않는다. 우리는 다만 다시 건강이 회복되기를 바랄 뿐이다.

마찬가지로 많은 요인이 육아의 제언에 영향을 준다. 부모는 확실한 것을 원하지만, 그 때문에 쉽게 속기도 한다. 어머니들은 아이의 우는 소리를 듣고도 누워 있다. 왜냐하면 전문가들이 계획에 없으면 아기를 안아주거나 먹을 것을 주지 말라고 했기 때문이다. 과학을 알면 이점이 있는데 아이를 더 똑똑하게 해주는 방법을 안다거나 더 많은 것을 가르쳐준다거나 등등을 할 수 있다. 그러나 아기에 관해서 우리가 알고 있는 모든 것을 보면 이러한 인위적 개입은 아무런 소용이 없고, 최악의 경우에는 성인과 아동 간의 상호작용에 혼란만 준다는 것을 시사해준다. 아기는 이미 자신이 똑똑할 수 있을 만큼 똑똑하고 알 필요가 있는 것은 알고 있고, 효과적이고 선택적으로 필요한 정보를 입수한다. 아기는 자신을 둘러싸고 있는 실세계에 관하여 학습하도록 되어 있다. 그러기 때문에 실세계에 있는 사물을 가지고 놀이를 함으로써 학습하는 것이다. 무엇보다 자신을 사랑하는 사람과 함께 놀이를 함으로써 학습하는 것이다. 과학에 관하여 알면 최소한 보장되는 이점은 사이비 과학에 대하여 면역성이 생기게 해준다는 점뿐이다.

과학은 보다 긍정적인 조언을 해주는 것인가? 가장 중요한 긍정적 조언은 일반적으로, 부모와 성인은 아기의 학습에 도움이 되는 자신들의 타고난 능력을 쓸 수 있도록 시간과 노력이 허락되어야 한다는 것이다. 과학이 우리에게 한 가지 말해주고 있는 것은 아기가 자연적으로 학습할 수 있는 만큼 우리도 아기에게 자연적으로 가르칠 수 있도록 되어 있다는 것이다. 우리가 이미 서술한 대부분의 어른의 행위는 신속하고, 자발적이며, 자동적이고, 즉시적인 것이다. 그리고 영유아에게는 보육과 교육은 분리될 수 없다. 아기를 보육하는 바로 그 행위는 아기에게 필요한 정보를 제공해준다. 아기에 대한 우리의 본능적 반응과 관찰과 실험이라는 오래된 전통을 통합하는 것이 우리가 무엇을 해야 할지를 결정해주는 최선의 길이다. 과학적 연구를 보면 성인이 아기와 함께 있을 때 무엇을 해야 하는지를 말해준다. 즉, 아기에게 말을 걸고, 놀아주고, 웃는 얼굴을 해주고, 주의를 기울여야 한다는 것을 말해주고 있다. 우리는 단지 그것을 할 시간만 필요할 뿐이다. 또한 아기도 성인도 어떤 고정적이고 반사적인 방식으로 학습하고 가르치는 어떤 틀도 가지고 있지 않으며, 진화에 의하여 정해진 것도 아니고 영원히 변화 불가능한 것도 아니라는 것을 시사해준다. 이와 반대로 인간의 인지 체제의 탄력성은 초기의 풍부함만큼이나 인상적이다. 인간은 태어날 때부터 새로운 장소를 학습하고, 그 장소에서 발견한 것을 조정하는 것을 학습할 수 있는 피조물이다. 거기에는 분명히 우리가 '버터 효과(butter effect)'라고 생각할 수 있는 것이 있다. 즉, 오래전 홍적세 시기에는 인간에게 유용하였지만 이제는 부적응적인 동물성 지방에 대한 욕망과 같은 몇 가지 반응행동을 인간은 여전히 지니고 있다는 것이다. 그러나 더 강한 본능까지도 우리에게 '고정 자전거 효과(stationary-bike effect)'라는 생각이 들도록 한다. 인간이 사탕을 좋아하는 것만큼이나 어떤 것을 설명하는 것을 좋아한다. 인간은 무엇이든 설명하고 싶어 하는 욕구를 가지고 있기 때문에 자신에 관하여 새로운 것을 발견할 수 있다. 인간은 동물성 지방과 그 위험성에 관심을 갖는 자신을 발견할 수 있고, 그것을 다룰 도구를 발명할 수 있다. 인간은 세계를 재구성할 수 있다. 이러한 반응은 사탕에 대한 반응만큼이나 자연스러운 것이다. 이것은 아이를 키우는 데에 있어서도 역시 사실이다.

사람들은 늘 자신이 스스로 안 환경에 맞게 자녀 양육을 맞추어야만 했다. 돌아갈 충분한 자원이 없는 비극적 상황에서 사람들은 때때로 양육을 포기하는 것을 배워야 했다. 이것이 정서적으로 큰 희생을 가져오는 것 같더라도 어려운 시기에 부모는 어떤 자식은 계획적으로라도 포기하지 않을 수 없을지 모른다. 이러한 현상을 보고 가끔 인류학자들은 인간은 자연적이고 선천적인 능력이 없다고 말한다. 이러한 주장은 자연적으로 인간에게 고정적이고 경직된 행동 방식 이외에 아무것도 주어진 것이 없다고 생각하면 사실이다. 그러나 연구 결과를 보면 양육은 자연적 성향에 따라야 하지만 양육의 행동 방식은 환경에 따라 아주 다르다는 것을 알 수 있다.

이러한 문제에 대하여 생각할 수 있는 한 가지 방법은 자녀 양육 환경이 너무 급격하게 변했다는 것이다, 그런데도 아직 우리는 반응 양식을 어떻게 변화시켜야 하는지 해결책을 찾지 못하고 있다. 우리나라도 십수년 전만 해도 밖에서 일을 하는 어머니가 거의 없었다. 더 오래전에 대부분 농사를 짓고 살 때에는 가족단위로 농사일을 했기 때문에 남녀, 아이 가릴 것 없이 같은 공간에서 일하고, 생활하고, 배우고, 가르쳐 왔다. 이제 여성의 직장이 가정에서 가정 밖으로 이동하였다. 이러한 환경의 변화와 농업이나 수렵 경제가 산업 경제로 변한 것은 분명히 자녀 양육에 중요한 결과를 초래하였다. 특히 아이들은 자신에게 가장 중요한 상품, 즉 어른이 함께 시간을 보내주고, 어른들이 열성적으로 보살펴주고, 친구처럼 놀아주는 것이 급격히 감소하는 아픔을 겪게 되었다. 이제 어머니가 맡았던 양육을 누군가 맡지 않으면 안 된다. 아이를 어떻게 할 것인가를 말해줄 전문가가 필요한 것이 아니라, 뭔가를 할 수 있는 시간과 공간과 기회이다. 지금 우리가 놓치고 있는 것은 바로 이 점이다. 이 말이 옳다면 낙관할 수 있는 것이란 인간은 결국 새로운 환경에 비추어 자신의 행동과 문화적 전통을 바꿀 수 있다는 것이다. 우리는 아이들이 자발적인 학습 능력을 발휘할 수 있도록 풍부한 물리적·사회적 환경을 아이들에게 계속 제공해줄 수 있다.

현대인은 옛날 농촌 사회로 돌아가지도 않을 것이다. 우리가 해야 할 일은 지금 당장 아이를 어떻게 양육해야 하는지를 알아야 하는 것이다. 우리에게 필요한 것은 아이가 자신의 타고난 능력을 활용하여 학습하고, 어머니뿐만 아니라 모든 성인도 아이를 가르칠 수 있는 타고난 능력을 발휘할 수 있도록 보장하는 일이다. 이러한 일은 국가적 차원에서뿐만 아니라 지방자치단체, 기업, 가정이 적극 나서 노력할 필요가 있다. 즉시 취할 수 있는 조치는 영아와 취학 전 아동의 보육에 필요한 지원을 해주는 것이다. 우리는 아이를 교육하는 일이 하나의 공공 선(善)이라는 것을 알기 때문에 나이가 좀 든 아이에게 공립학교를 제공하고 있다. 그리고 우리의 생애 중에 언젠가는 특히 상처를 입고 보호받는 것이 부족할 것이라는 것을 알기 때문에 공공연하게 사회보장과 의료보장을 지원하는 것이다.

이러한 주장은 모두 아이의 보육에도 적용된다. 성인이 보호시설에 있는 것은 아이가 학교에 있는 것과 같다. 이러한 공적 지원은 여러 형태를 취할 수 있다. 좋은 급료를 받는 직원을 유아보호센터에 지원할 수도 있고, 부모에게 실질적인 보조금이나 세금 혜택을 지원할 수도 있다. 예를 들면 부모가 자녀 보호에 대한 비용을 부담하고 직장에서 근무 시간을 면제받을 수 있는 제도를 둘 수도 있다. 또한 전일 근무와 비슷한 수준의 혜택과 임금을 받을 수 있고 근무 시간과 작업 과정을 탄력적으로 운용할 수 있도록 작업 장소를 옮길 수도 있다.

아기에 대한 우리의 자동적 반응 행동은 분명히 홍적세기에 있었기 때문에 다른 어떤 행동과 결합되어 있을 수 있다. 팩스기 옆에 아기 침대를 둔 원격 통신 가정형 사무실은 오늘날 어머니 등에 업혀 있는 아기나 아이 옆에서 밭을 가는 아버지에 해당한다. 아마도 직장

동료나 친구가 확대 가족 집단으로 대체되는 데 도움이 될 것이다. 조부모, 숙부, 숙모는 아이들이 필요로 하는 시기엔 이미 사라졌고, 애석하게도 손자, 조카, 질녀도 우리의 생활에서 자취를 감췄다. 아마도 자녀가 다 커버린 사람이나 자식이 없는 사람에게 다른 사람의 자녀와 밀접한 관계를 할 수 있도록 제도를 만들게 될 것이다.

과학과 정책을 통합하는 최선의 길은 과학적으로 교육을 잘 받은 시민을 두는 것이다. 특히 여성은 자신의 건강에 책임을 지는 최선의 길은 생물학에서 말해주는 것이 무엇이고 아닌 것이 무엇인지 이해하고, 그 내용이 유방암인지, 에스트로겐인지, 출산인지를 알고 스스로 결정하는 것이다. 과학은 우리가 보통 이해하고 있는 것의 연장에 불과하다는 것이다. 우리는 항상 우리가 알고 있는 것을 근거로 하여 결정해야 하는데, 과학이 바로 이러한 지식의 한 부분이라는 것이다. 발달심리학을 알면 결정하는 데 유용하다. 그러나 결정 그 자체는 우리에게 달려 있다.

2. 아기는 존귀한 영혼이다

우리가 아기에 대하여 관심을 갖는 이유 중의 하나는 우리는 우리에게 일어나는 일에 대한 책임이 있기 때문이다. 아기가 자라서 성인이 되고 우리도 한때 아기였다는 것에 있는 것은 아니다. 아기를 연구하면서 우리는 우리 자신을 연구한다. 아기가 어떻게 발달하는지를 보면서 어떻게 해서 현재 우리가 되었는지를 안다. 발달연구에서는 옛날부터 인간이 품어온 철학적 문제, 즉 지식의 문제와 같은 것에 대한 새로운 경험적 해결책을 제공해 준다. 우리는 타인이 마음을 가지고 있다는 것을 어떻게 아는지 이해할 수 있다. 그리고 우리 밖에 세계가 존재하고 소리에 의미가 있다는 것을 이해할 수 있다. 인간이 출생하여 처음 가지고 있는 생각에서 지식이 어떻게 출현하는지 알 수 있고, 우리의 학습 능력을 알 수 있고, 우리가 타인과 상호작용한다는 것을 알 수 있다.

아기가 발달하는 것을 보고 지식 획득은 아주 폭넓게 적용할 수 있다는 것이 드러났다. 이러한 생각은 아기의 행동을 이해하는 데 도움이 될 뿐만 아니라 우리가 과학자의 행동을 이해하는 데에도 도움이 된다. 또 예술가나 정치가의 행동을 이해하는 데에도 도움이 될 것이다. 우리는 다른 유형의 학습 모델로서 이 우주에서 가장 잘 학습하는 아기를 이용할 수 있다. 컴퓨터가 은유하는 것은 아기를 이해하는 데 도움이 된다. 반대로 아기를 이해하면 역시 새롭고도 더욱 강력한 종류의 컴퓨터를 만들 수 있다. 아기는 사전에 프로그램을 결정하지 않고도 실제로 외부 세계와 상호작용하여 학습할 수 있는 기계를 만든 데 도움이 될지도 모른다. 아기가 말소리를 해독하는 방법을 이해하는 것은 인간의 말을 이해할 수 있는 컴퓨터를 만드는 데 이미 도움이 되고 있다. 아기가 어떻게 학습하는지를 이해하면 우리가 어떻게 학습하는지를 알 수 있으며, 역시 학습이 어떻게 가능한지를 이해하는 데에도 도움이 된다. 책상 위에 있는 컴퓨터와 인간의 두개골 안에 있는 컴퓨터를 포함해서 모든 물리적 체제가 어떻게 학습하는지를 이해하는 데에도 도움이 된다. 그러나 결국 아기를 연구하는 실제적 이유는 아기는 본래 취약하고 너무 흥미로운 존재이기 때문이다. 우리가 주위에 있는 사물을 주의 깊고 철저하게 살펴보면, 한결같이 우리가 상상했던 것보다 흥미롭고, 질서 있고, 복잡하고, 이상하고, 신비하다. 이것이 케플러가 별을 주의 깊게 살펴봤을 때, 다윈이 피리새를 보았을 때, 퀴리 부인이 우라늄 원석을 보았을 때 일어난 것이다.

이러한 일은 발달심리학자가 아기의 마음을 주의 깊고 조심스럽게 볼 때 일어난다. 무엇을 안다는 것에는 그렇게 대단한 연결 고리가 있는 것은 아니다. 처음엔 단순하고 우둔한 아기로 시작해서 점차 아동기를 거쳐 성인으로 나아가서 예술 천재나 과학 천재에 이르러 최고조를 이룬다. 아기의 마음은 적어도 성인의 마음만큼 풍부하고, 복잡하고, 추상적이고, 강력하다. 아기는 행동하고 감정을 느낄 뿐 아니라 생각하고, 추론하고, 학습하고, 안다. 그러나 아기가 생각하는 것은 우리가 생각하는 것과는 아주 다르다. 아기는 놀랄 만큼 성인과 같기도 하지만 다르기도 하다.

아기를 보는 이러한 새로운 시각에는 도덕적으로 내포된 의미가 있다. 앞서 서술한 것과 같은 정책 토론은 우리가 아기를 어떻게 하면 올바른 성인으로 바꾸어 놓느냐 하는 것과 맞물려 있다. 그러나 새로운 연구 결과를 보면 아기는 누구에 의해서가 아니라 스스로에 의하여 완전히 한 인간이 된다는 것을 보여준다. 아이가 어떻게 될지 통제는 많이 할 수 없을지 모르지만 아이기로서의 그들의 삶에 막대한 힘을 행사하고 있다. 그러기에 아기의 삶은 성인만큼 가치 있고 중요하다. 아기가 결국 성인이 되기 때문에 가치 있는 것이 아니라 이들이 스스로 생각하고 느끼는 존재이기 때문에 가치 있는 것이다.

아주 최근까지도 의사는 작은 아기를 수술할 때 마취를 하지 않았다. 왜냐하면 아기가 너무 발달 초기에 있기 때문에 고통을 느끼지 못하고 그 고통을 잘 기억하지 못한다고 생각했기 때문이다. 이것은 하나의 극적인 예이지만 우리는 종종 성인의 고통에 비하여 아이의 고통을 감안하지 않는 것 같다. 아동 학대는 그것이 신경증적 성인을 만들기 때문에 죄악이 아니라 아이를 괴롭히기 때문에 죄악인 것이다. 이혼은 대인관계에 어려움을 겪는 성인을 만들기 때문에 대가를 치르는 것이 아니라 아기에게 정서적 고통을 주기 때문에 대가를 치르는 것이다. 부모는 아이에게 성인의 성격을 만들어주기 때문에 중요한 것이 아니라 아이일 때 그들의 삶에 가장 큰 영향을 주기 때문에 중요한 것이다. 아이를 가장 주의 깊게 보는 것에서 얻는 가장 큰 통찰은 그 능력이 어디서 나오는지를 알게 된다는 것이다. 아기에 관한 가장 흥미로운 것은 아기는 무지하게 흥미로운 존재라는 것이다. 아기에게 가장 신비스러운 것은 아기는 의문을 갖는 무한한 능력이 있다는 것이다.

유명한 발달심리학자 플라벨은 한때 자신이 받은 모든 상을 잠시나마 아이의 눈을 통해서 볼 수 있는 기회가 있다면 그것과 바꾸겠다고 한 적이 있었다. 19세기 초 워즈워스와 블레이크와 같은 시인도 이와 같은 야망을 가진 적이 있었다. 이들은 어린 시절은 우주를 가장 분명하게 볼 수 있고 가장 강렬하게 경험할 수 있는 시기라고 생각하였다. 어린 시절이 미망인, 나무 군락, 시냇물, 지구 등이 하늘색의 옷을 입은 것 같은 시기였다는 것이다. 어린 시절은 한 알의 모래 속에서 세상을 보고 한 송이 야생화 속에서 하늘이 보이는 시기였다는 것이다. 그들은 성인 역시 이렇게 분명하고 강렬하게 이해하는 순간이 있다고 보았는데, 이렇게 보는 것이 바로 창조적 경험의 일부라고 생각하였다. 이러한 경험 때문에 그들은 시를 쓸 수 있다는 것이다. 이들의 말이 옳다고 생각하지만 그러한 경험이 추론하고, 사고하고, 연역하고, 실험하는, 즉 과학하는 것과는 정반대라고 생각하는 것은 잘못되었다. 아기의 지식이 과학적 지식과 정반대라고 생각한 것은 잘못이다. 블레이크는 뉴턴을 자신의 가장 위대한 상징적 적으로 여겼지만 사실 이 두 사람은 다른 점보다는 비슷한 점이 훨씬 더 많다. 과학은 냉담하고 통속적인 전설과 거리가 먼 것이 아니라 바로 행복을 가져다주는 바로 낭만적 시이기 때문이다. 과학자는 최고의 순간에 풀 속에 있는 광채를 보기도 하고 꽃의 찬란함도 본다. 과학자는 또한 일종의 명확성을 본다. 특히 진리와 아름다움이 조화를 이룬 것을 본다.

아기에 대한 발달심리학자의 시각이 지나치지는 않지만 낭만적인 것은 분명하다. '불멸의 징조'와 '순수함의 전조'라는 표현은 사실 아기가 어떤 존재인지를 나타내주는 말이라고 생각한다. 그것은 뇌가 뉴런당 1,500개의 시냅스를 가지고 그것의 2배나 되는 글루코오스를 연소시킬 때 세상이 보이는 방식이다. 그것이 비록 징조와 전조의 형태만을 취하기는 하지만 적어도 가끔은 그것은 인간의 존재 방식이다. 특히 예술이나 과학을 창조하거나 타인의 예술과 과학을 감상하는 것은 무엇이냐 하는 것이다.

새로운 연구 결과 또한 뭔가를 말해주고 있다. 우리가 이러한 진리의 징조, 이해의 경험을 가지고 있고 사람이 세상과 조화를 이루고 있다는 느낌을 가지고 있는 것만은 아니다. 사실 우리는 진리에 다가가고 있고 세상을 이해하고 있으며, 세상과 조화를 이루고 있다. 자연적으로 인간은 자연을 이해한다. 인간의 눈을 통해 세상의 모습을 정확하게 볼 수 있는 것처럼 뇌를 통해서도 볼 수 있다. 그러나 눈과 달리 뇌는 우리에게 하나의 답도 주지 않고 거기서 멈춰 버린다. 그러나 인간은 세상에 대하여 일련의 생각을 창출하여 현재 인간이 가지고 있는 생각을 끊임없이 수정하도록 설계되어 있다. 그것이 우리가 과학과 예술에서 하는 일이고 어렸을 때 실제로 항상 했던 일이다.

불가피하게 최소한 조금만 우리가 공유하고 있는 낭만적 감성부분은 아이 같은 명확성은 없어지고 그것이 더욱 세속적인 책임과 의무로 이루어진 성인의 삶으로 대체된 것에 대한 탄식이다. 우리는 얻고 잃으면서 힘을 소진한다. 이미 본 것은 더 이상 볼 수 없다. 낭만적 관점에서는 성인기를 몇몇 천재에 의하여 곧바로 끝나버리는 하나의 상실이나 탈락으로 볼 수도 있다. 그러나 그것은 등식의 나머지 다른 쪽인 유일한 성인의 재능을 간과하는 것이다. 특히 아이를 돌봐야 하는 성인의 의무를 다할 때, 우리는 낭만적 계획을 포기하지 않고 거기에 참여하는 것이다.

우리는 아이를 바라보는 것만으로 참여하고 있는 것이다. 매일 편의점까지 걸어다니는 평범하고 지루한 상황을 생각해보자. 그 길을 2살짜리 아기와 함께 걷는 것은 우유 1통을 들고 가는 것과 같다. 아기에게 평범한 거리는 서커스 같은 것이다. 거기에는 한쪽으로만 열리는 대문도 있고 바르게만 밀면 앞뒤로 왔다갔다 하는 대문도 있다. 아주 조심스럽게 걸을 수 있는 작은 통로도 있다. 매혹적이고 규칙적인 문양이 있는 하수구 뚜껑도 있고, 밝은 색의 피자 배달 전단지도 있다. 거기에는 자신을 돌봐주는 부모의 다리 뒤에서 조심스럽게 살펴보는 호기심에 가득 찬 낯선 사람이 있다. 아기를 돌볼 때 어른 역시 진리를 발견하고 이 세상을 이해하게 된다. 물론 이러한 많은 일 중에는 기저귀를 갈아 주고, 코를 닦아 주고, 샌드위치를 만들어 주는 일이 포함된다. 이러한 많은 일은 걱정스럽고 사람을 피곤하게 한다. 그러나 그 많은 일, 그중에서 입맞춤, 애칭, 게임, 농담과 같이 좋았던 일도 그 일부라는 것이 드러났다. 아기에게 애정을 쏟는 것이 타인의 마음의 문제를 해결하는 데 도움이 되고, 숨바꼭질하는 것이 형이상학과 관계가 있고, 아기용 말투가 의미의 문제에 답을 해준다고 우리는 생각하지 않았을지 모른다. 그러나 이것은 인지발달과학에서 밝혀진 것에 불과하다. 인간은 일상적인 작은 즐거움을 추구해서 가장 훌륭한 우리의 계획을 완전히 해결해주도록 설계되어 있다.

강갑원 ─────────────────────────────

중앙대학교 교육학과 졸업
중앙대학교 대학원 교육심리학 전공(석사, 박사)
미국 신시내티 제비어대학교 사화과학대학원 몬테소리교육 전공(석사)

중앙대학교 산업교육원 책임연구원
한국몬테소리교육협회 부회장
대진대학교 교육대학원장

현) 한국영재교육학회 부회장
　　대진대학교 교육대학원 상담심리 전공 주임교수

『교육심리학』
『인간의 동기』(공역)
『특수유아교육의 이해』(공저)
『교육학개론』(공저)
『예술영재의 이해』(공역)
『상담이론과 실제』
『상담심리학』
외 다수

놀라운
아기 능력의
재발견

초판인쇄 | 2012년 5월 31일
초판발행 | 2012년 5월 31일

지 은 이 | 강갑원
펴 낸 이 | 채종준
펴 낸 곳 | 한국학술정보㈜
주   소 | 경기도 파주시 문발동 파주출판문화정보산업단지 513-5
전   화 | 031) 908-3181(대표)
팩   스 | 031) 908-3189
홈페이지 | http://ebook.kstudy.com
E-mail | 출판사업부 publish@kstudy.com
등   록 | 제일산-115호(2000. 6. 19)

ISBN   978-89-268-3126-7 93370 (Paper Book)
          978-89-268-3127-4 98370 (e-Book)